탄탄한 배경 지식과 함께 문해력·사고력 쑥쑥!

교과서를 넘나드는
초등 어린이
신문
환경

시대에듀

머리말

《교과서를 넘나드는 초등 어린이 신문 환경》을 펼친 어린이 여러분!
한국사로 먼저 '교과서를 넘나드는 초등 어린이 신문' 시리즈를 만나 보았을 텐데요, 이번에는 환경을 테마로 교과서를 넘나들어 볼까요?

"왜 환경인가요?"

여러분, 혹시 미국에서 발생했던 큰 산불에 대한 소식을 들어본 적이 있나요? 2025년 1월 미국 캘리포니아의 로스앤젤레스(LA)가 거대한 불길에 휩싸였어요. 언제나 활기 넘치던 거리는 순식간에 검은 연기와 재로 뒤덮였고, 이때 발생한 산불은 LA 역사상 가장 큰 재난으로 분류되어 막대한 피해를 남겼어요. 물론, 산불로 인해 피해를 본 건 사람뿐만이 아니라 동물을 포함한 자연 전체였죠. 이렇게 우리가 살고 있는 지구가 점점 균형을 잃어가고 있어요. 왜 이런 일들이 연달아 발생하는지, 앞으로 여러분이 살아가야 할 지구가 다시 원래의 모습을 회복할 수 있을지 궁금하지 않나요? 이 책에는 지구인으로 살아가는 여러분이 관심 가져야 할 다양한 환경 이야기를 담았어요. 사회·과학 교과서에서 다뤄지는 환경 내용에 더해 평소에 궁금했던 환경 이슈, 생활 속에서 실천할 수 있는 활동들도 수록해 교과서를 자유자재로 넘나들 수 있도록 했답니다. 교과서 배경 지식도 얻고, 지속가능한 생태시민으로 살아갈 수 있는 힘과 기회도 제공받으니 일석이조겠죠?

"환경 신문 기사 읽기로 문해력이 늘어날까요?"

여러분은 문해력이 무엇이라고 생각하나요? 맞아요. 문해력이란, 글을 읽고 이해하는 능력을 말합니다. 더불어 문해력은 세상을 바라보는 힘을 길러 주기도 합니다. '어떻게 하면 많은 친구들이 재미있게 글을 읽으며 문해력도 키우고 생태시민 소양도 기를 수 있을까'를 고민하는 과정에서 이 책도 탄생하게 되었답니다. 기사를 통해 다양한 환경 이야기를 만나고, 기사의 내용을 제대로 이해했는지 점검할 수 있는 문제를 풀다 보면 나도 모르게 문해력이 늘어나 있을 거예요. 환경 신문 기사 읽기를 통해 문해력 습득을 너머 알고 있는 것이

삶이 될 수 있도록 생활 속에서 실천하며 내면화한다면, 세상과 소통하는 힘까지 기를 수 있답니다.

"환경 신문 기사 내용이 어렵지는 않나요?"

처음부터 어렵고 긴 글을 읽는 것이 아니라 천천히 문해력 학습을 시작할 수 있도록 쉽고 친숙한 이야기이지만 반드시 알아야 하는 내용을 기사에 실었어요. 단순히 환경과 관련된 용어 또는 어려운 낱말을 외우기보다는 기사를 읽으며 핵심 질문에 답하는 과정을 통해 자연스럽게 기사 내용을 이해할 수 있을 거예요.

"《교과서를 넘나드는 초등 어린이 신문 환경》을 어떻게 활용할 수 있나요?"

이 책에는 숲, 바다, 동물, 도시, 재생에너지 등 환경과 관련된 흥미로운 기사 25개가 실려 있어요. '수족관에 살고 있는 돌고래는 왜 행복하지 않을까?', '왜 기후가 변하고 있을까?', '왜 여름마다 폭염이 심해지고 있는 것일까?', '음식을 튀기고 남은 기름으로 비행기를 띄운다는 게 사실이야?' 등 그동안 궁금했던 많은 이야기를 확인할 수 있어요.

또한, 퀴즈를 통해 지구 온난화로 나라가 점점 물에 잠겨 사라질 위기에 처해 있는 투발루의 외교부 장관이 되어 연설해 보기도 하고, 올바른 분리배출 방법을 다른 사람들에게 알리는 글을 써 보기도 하면서 환경 감수성과 함께 사고력도 늘릴 수 있어요. 기사 읽기부터 퀴즈, 그리고 환경과 관련된 활동까지 단계별로 학습하고 실천하다 보면, 환경에 대한 지식을 얻을 수 있을 뿐만 아니라 진심으로 지구를 아끼고 사랑하는 친구로 자라나 있을 거예요.

생명이 살아가는 하나뿐인 푸른 행성 지구에서 올바른 미래관을 지닌 지구생태시민으로 살아갈 수 있도록 환경과 관련된 다양한 이야기를 만나며 환경에 대한 시각을 넓혀 보아요.

저자 **임성화**

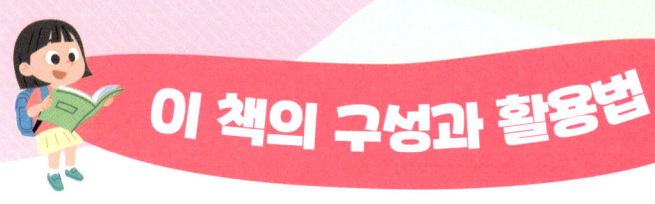

이 책의 구성과 활용법

기사 읽기

• keyword 찾아보기

술술 읽히도록 쉽게 쓴 신문 기사의 중요한 단어들을 직접 찾아보며 기사를 읽고, 내용을 파악해 보세요.

• 더 알아보기

기사를 통해 흥미로운 환경 이야기를 접하고 난 후, 기사와 관련된 배경 지식을 살펴보며 환경에 대해 더 알아가 보세요.

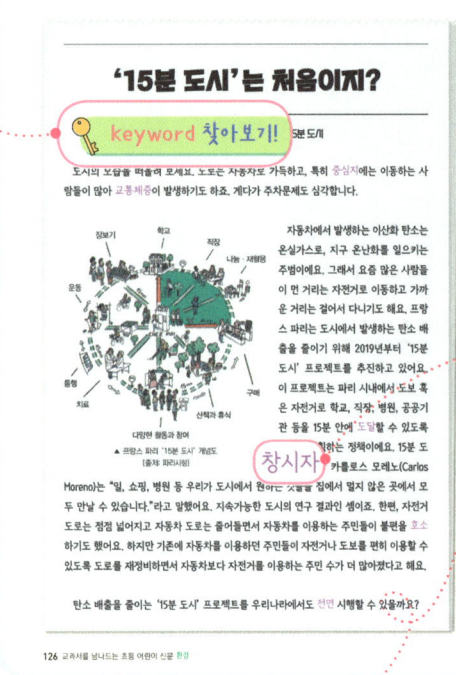

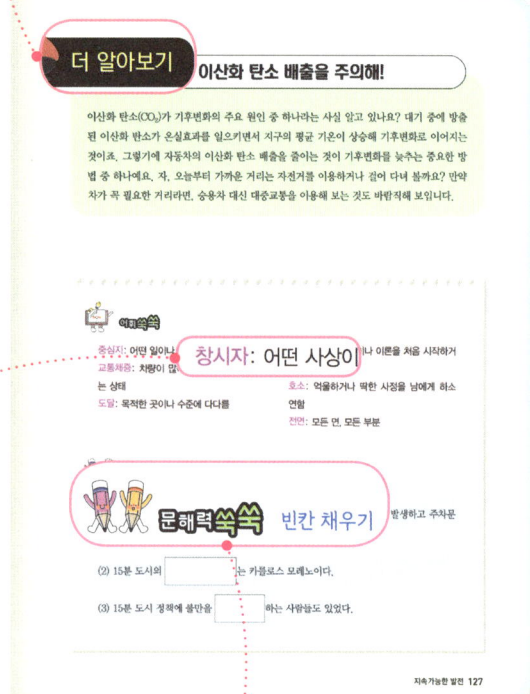

어휘쑥쑥 •

'기사'와 '더 알아보기'에 나오는 어휘의 뜻을 정확하게 확인해 보세요. 어려운 어휘가 있다면 새로 익혀 보세요.

문해력쑥쑥 •

빈칸 채우기 또는 옳은 단어 고르기 퀴즈를 풀며 기사의 내용을 제대로 이해했는지 확인해 보세요.

STEP.2 퀴즈 풀기

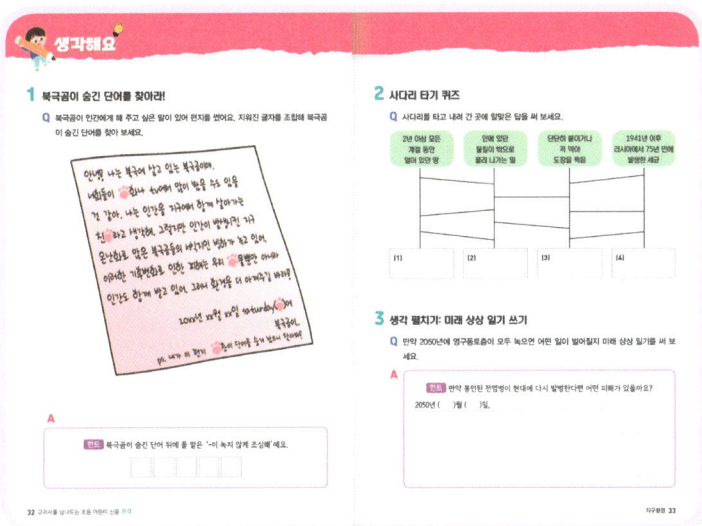

생각해요
'기사', '더 알아보기'를 활용한 다양한 퀴즈들이 수록되어 있어요.
편지 속 숨은 단어 찾기 퀴즈, 그리기 퀴즈 등으로 환경을 재미있게 학습하고, 7유형의 문해력·어휘력 퀴즈와 나의 생각을 적어 보는 사고력 퀴즈까지 풀어 보세요.

STEP.3 교과·생활 연계 학습하기

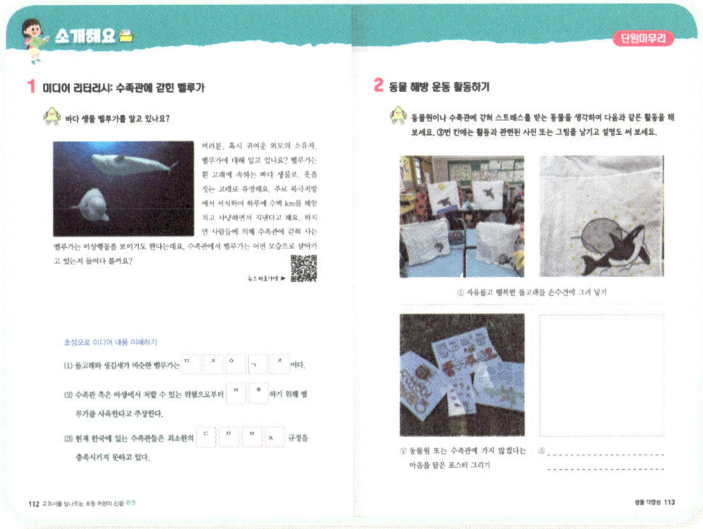

소개해요
2022 새 교육과정에서 강조하는 미디어 리터러시 교육을 반영했어요.
미디어에서 다룬 각 PART와 관련된 내용을 동영상을 통해 시청하고, 미디어 내용을 초성으로 학습하며 깊이 이해해 보세요. 생활에서 직접 해 볼 수 있는 활동도 수록되어 있으니 실천해 보세요.

차례

PART 1　지구환경

01	누구에게나 '역대급' 폭염	14
02	'벚꽃, 단풍' 지각입니다!	18
03	우리의 식탁은 안전하지 않다	22
04	사라지는 작은 섬나라	26
05	잠들었던 바이러스가 깨어났다!	30

PART 2　에너지, 자원

01	10명 중 8명이 차가 없는 마을	40
02	이메일의 탄소발자국을 지워 주세요	44
03	튀김 튀기고 남은 폐식용유, 비행기 띄운다	48
04	우유팩, 종이류일까?	52
05	열은 무엇보다 소중해, 패시브하우스	56

PART 3　플라스틱

01	'용기'와 헤어질 용기	66
02	하늘에 떠다니는 미세플라스틱	70
03	레고 블록의 친환경 변신	74
04	세계는 지금 슬로패션	78
05	의자로 변신한 발리의 쓰레기	82

PART 4 생물 다양성

01 돌고래는 어디에서 살면 좋을까? 92

02 그 많던 새들은 어디로 갔을까? 96

03 계란 살 때 뭐 보세요? 100

04 사라지지 말고 함께 살아요, 산호초 104

05 야생동물을 위한 30 도로 108

PART 5 지속가능한 발전

01 재활용 종이로 변신한 착한 선물 세트 118

02 탄소 마시는 숲을 만들어요 122

03 '15분 도시'는 처음이지? 126

04 고기는 아니지만 오히려 좋아 130

05 무늬만 친환경, 그린워싱 134

정답 144

교과 연계된 환경 신문 기사

1. 지구환경

기사 제목
- 누구에게나 '역대급' 폭염
- '벚꽃, 단풍' 지각입니다!
- 우리의 식탁은 안전하지 않다
- 사라지는 작은 섬나라
- 잠들었던 바이러스가 깨어났다!

교과 연계

과학 4-2
기후변화와 우리 생활

2. 에너지, 자원

기사 제목
- 10명 중 8명이 차가 없는 마을
- 이메일의 탄소발자국을 지워 주세요
- 튀김 튀기고 남은 폐식용유, 비행기 띄운다
- 우유팩, 종이류일까?
- 열은 무엇보다 소중해, 패시브하우스

교과 연계

사회 5~6학년
지구촌 사람들

3. 플라스틱

기사 제목
- '용기'와 헤어질 용기
- 하늘에 떠다니는 미세플라스틱
- 레고 블록의 친환경 변신
- 세계는 지금 슬로패션
- 의자로 변신한 발리의 쓰레기

교과 연계

사회 5~6학년
지구촌 사람들

생물 다양성 4

기사 제목

- 돌고래는 어디에서 살면 좋을까?
- 그 많던 새들은 어디로 갔을까?
- 계란 살 때 뭐 보세요?
- 사라지지 말고 함께 살아요, 산호초
- 야생동물을 위한 30 도로

교과 연계

과학 4-2
생물과 환경

지속가능한 발전 5

기사 제목

- 재활용 종이로 변신한 착한 선물 세트
- 탄소 마시는 숲을 만들어요
- '15분 도시'는 처음이지?
- 고기는 아니지만 오히려 좋아
- 무늬만 친환경, 그린워싱

교과 연계

사회 5~6학년
지구촌 사람들

★ 2022 새 교육과정을 반영했습니다.
「환경교육의 활성화 및 지원에 관한 법률」에 따라 초등학교와 중학교에서 환경교육을 의무적으로 실시하도록 변경되었습니다. 또한, 2022 새 교육과정에 생태전환교육이 반영되면서 환경교육에 대한 중요성이 나날이 강조되고 있습니다. 이러한 교육상황에 따라 교과서가 출간된 초등학교 3~4학년은 교과서 목차, 2026년에 교과서 적용 예정인 5~6학년은 새 교육과정의 성취기준을 반영해 주제를 선정했습니다. 교과 연계된 25개의 환경 기사를 만나 보세요!

PART 1

지구환경

01 누구에게나 '역대급' 폭염

02 '벚꽃, 단풍' 지각입니다!

03 우리의 식탁은 안전하지 않다

04 사라지는 작은 섬나라

05 잠들었던 바이러스가 깨어났다!

누구에게나 '역대급' 폭염

 keyword 찾아보기!　기후변화, 폭염, 폐사

'올해가 가장 시원한 여름이다.'라는 이야기 들어 보셨나요? 심각한 기후변화로 인해 많은 사람들이 길어진 여름을 체감하고 있다고 하죠? 또한, 서늘한 바람이 부는 가을에 맞이해야 하는 추석에도 낮 최고 기온이 30℃가 넘는 그야말로 뜨거웠던 해가 있기도 했어요. 그래서인지 기후변화에 관한 신문이나 뉴스 기사에서는 '이례적인', '역대급'이라는 단어가 자주 사용되고 있는 것을 볼 수 있어요.

매년 언급되고 있는 '역대급' 폭염으로 인해 사람뿐만 아니라 수많은 동물들도 계속해서 피해를 보고 있다고 해요. 2021년 캐나다의 '리튼(Lytton)'이라는 마을에서는 기온이 49.6℃까지 오르는 심각한 상황이 발생했고, 2022년 미국 '텍사스(Texas)'에서는 낮 최고 기온이 45℃ 이상으로 올라가면서 많은 노동자들이 목숨을 잃기도 했어요. 또한, 우리나라에서는 무더위에 견디지 못한 농장 동물이 집단 폐사했고, 멕시코에서는 더위에 지쳐 사망한 원숭이들이 나무에서 우수수 떨어지는 일이 발생했어요. 이처럼 세계 곳곳에서 폭염으로 인한 문제가 발생하고 있는 지금, 우리는 과연 '역대급' 폭염을 막을 수 있을까요?

이러한 이상기후는 인간 활동의 결과로 발생한 것이라고 합니다. 현재 세대와 미래 세대가 지속가능한 삶을 누릴 수 있도록 노력해 보는 것은 어떨까요?

더 알아보기

'이상기후' 란 무엇일까요?

겨울인데 별로 춥지 않거나 평소보다 비가 많이 오는 날씨를 경험한 적이 있나요? 또는 너무 추운 한파가 이어져 폭설을 경험한 적은요? 이처럼 지난 몇십 년 동안 기록된 평균과 비교했을 때 정상적인 변화를 벗어나거나 예상치 못한 변화를 보이는 기후와 날씨를 '이상기후'라고 해요. 뜨거워진 지구로 인해 빙하가 녹아 해수면이 상승하면서 해안 지역이 극심한 홍수와 폭풍, 해일 등의 위험에 처하게 되는 것도 이상기후 중 하나이죠. 가뭄, 집중호우, 폭염, 한파 등의 이상기후가 앞으로 더 자주 생길 수도 있다고 하니, 우리 모두 건강한 지구를 위해 노력하는 마음가짐이 필요하겠죠?

어휘쑥쑥

체감: 몸으로 어떤 감각을 느낌
이례적: 일반적인 경우에서 벗어나 특이한 것
역대: 대대로 이어오는 것
폭염: 매우 심한 더위
폐사: 짐승이 갑자기 죽음

해수면: 바닷물의 표면
호우: 줄기차게 퍼붓는 큰 비
한파: 겨울철에 온도가 갑자기 내려가면서 들이닥치는 추위

문해력쑥쑥 빈칸 채우기

(1) 인간과 동물 모두가 심각한 기후변화를 [　　　]하고 있다.

(2) 서늘한 바람이 불어야 하는 추석에 낮 최고 기온이 30℃가 넘으면서 역대급 [　　　]이었던 적이 있었다.

(3) 이상기후의 현상 중 하나는 지구 온난화로 인한 [　　　] 상승이다.

생각해요

1 그래프 해석하기

Q 1860년대부터 2020년대까지 지구의 평균 기온을 나타낸 그래프를 해석하고, 이를 통해 알 수 있는 사실을 써 보세요.

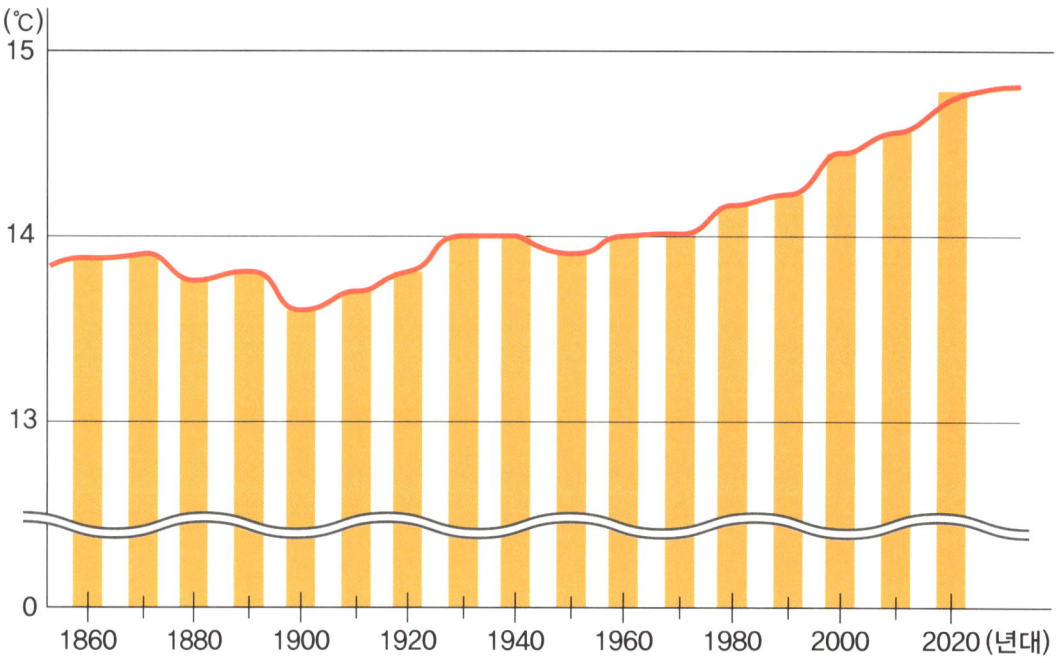

A

시간이 흐를수록 지구의 평균 기온이 _ _ _ _지고 있어요. 이를 통해 _ _ _ _ _ _ _ _ _

_ _

_ _

_ _을/를 알 수 있어요.

2 섞어섞어 단어퀴즈

Q 주제와 관련된 단어들을 찾아 보세요.

주제 이상기후

폭염	오아시스	인공지능
한파	등고선	사계절
주식	집중호우	번개
지표	산맥	하천

3 생각 펼치기: 미래 상상 일기 쓰기

Q 2030년에 지구 온난화가 심해져서 우리나라에 이상기후가 나타난다면, 우리 가족의 미래는 어떻게 될지 상상하며 일기를 써 보세요.

A

힌트 만약 우리나라에 폭염, 한파, 집중호우가 발생한다면, 어떤 피해가 있을까요?

2030년 (   )월 (   )일,

'벚꽃, 단풍' 지각입니다!

 keyword 찾아보기! 　개화, 기후변화, 단풍, 늦더위, 사계절

　봄이 되면 각 지역에서는 봄꽃 축제를 개최하기 위해 매우 바쁘게 움직여야 해요. 기상청 일기예보를 통해 기상 상태를 확인하고, 개화 시기를 예측해서 축제 일정을 세워야 하니까요. 그런데 매년 개화 시기의 변덕이 점점 심해져서 축제를 준비하는 사람들이 애를 먹고 있다고 하는데요, 어떤 해는 꽃이 너무 빨리 펴서, 또 어떤 해는 너무 늦게 펴서 문제라고 합니다. 왜 이런 일이 발생하는 것일까요?

　이는 바로 기후변화 때문입니다. 지구 온난화로 인한 기후변화는 개화 시기를 앞당기기도, 늦추기도 해요. 단풍도 예외는 아닙니다. 가을 폭염으로 9월까지 늦더위가 기승을 부리는 날이 늘어나면서 단풍 시기도 늦어지고 있어요. 이러다 단풍을 보지도 못한 채 낙엽을 맞이하는 것은 아닌가 걱정이 되기도 합니다. 이에 산림청에서는 매년 '산림 단풍 예측지도'를 만들어 시민들의 단풍놀이가 실망스러워지지 않도록 정보를 제공한다고 해요.

　우리나라는 예로부터 봄, 여름, 가을, 겨울의 사계절이 뚜렷한 나라예요. 하지만 여름이 길어지고, 가을과 겨울이 짧아지면서 기상청에서는 계절별 길이를 3개월 단위로 조정해야 한다는 의견이 나오고 있어요. 이렇게 가다간 머지않아 대한민국에서 사계절이 사라지는 날이 찾아 올 수도 있겠어요.

더 알아보기

일기예보는 어떻게 만들어지나요?

비가 온다는 일기예보를 듣고 우산을 챙겼다가 비가 한 방울도 내리지 않아 우산이 짐이 되기도 하고, 비 예보가 없었는데 갑자기 쏟아지는 비 때문에 옷이 흠뻑 젖기도 하는 경험은 누구나 해 봤을 거예요. 그렇다면 우리에게 날씨를 알려 주는 일기예보는 어떻게 만들어질까요? 일기예보는 기상청에서 하늘, 바다, 지상의 공기상태를 살펴본 후 날씨를 관측하고, 이를 토대로 과학적인 지식을 종합해서 만든다고 합니다. 이렇게 예측한 일기예보가 맞지 않는 날이 생기는 이유는 지구의 기온을 높이는 온실가스로 인해 기후변화가 발생했기 때문이에요. 기후변화의 속도를 줄이기 위해 일상생활 속 온실가스 배출을 줄이려는 노력이 필요하겠죠?

예보: 앞으로 일어날 일을 미리 알리는 것
개화: 꽃이 핌
변덕: 이랬다 저랬다 잘 변하는 성질이나 태도
기승: 기운이나 힘 등이 누그러들지 않음
머지않다: 시간적으로 멀지 않다

관측: 눈이나 기계로 기상의 상태를 관찰해서 측정하는 것
온실가스: 지구의 공기를 오염시켜 지구의 온도를 높이는 가스(이산화 탄소, 메탄 등)

 빈칸 채우기

(1) 봄이 되면 각 지역마다 꽃이 [   ] 하여 축제가 열린다.

(2) 봄꽃 축제 준비를 위해 기상청 [   ] 를 확인해야 한다.

(3) 가을에도 늦더위가 [   ] 을 부려 단풍이 물드는 시기가 점점 늦어지고 있다.

1 내가 만드는 그림 카드

Q 매년 점점 더 빨리 찾아오고 있는 봄꽃들이 봄이 오는 시기를 알려 줘요. 봄꽃을 찾아 해당하는 이름을 써 보고 색칠도 해 보세요.

A

(1) ☐☐☐

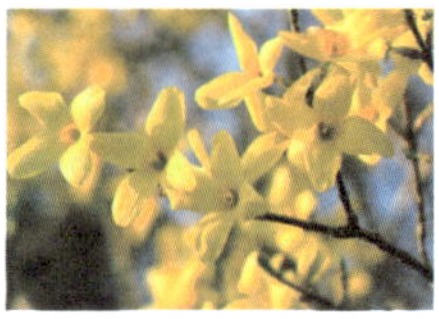

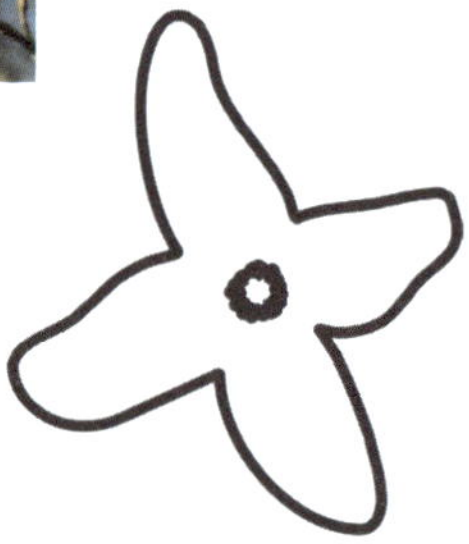

(2) ☐☐☐

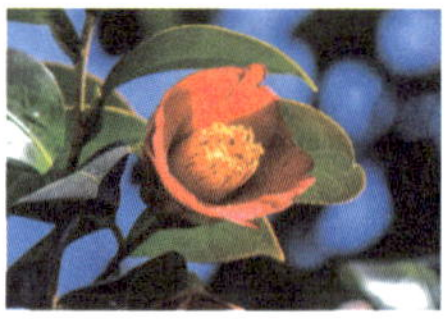

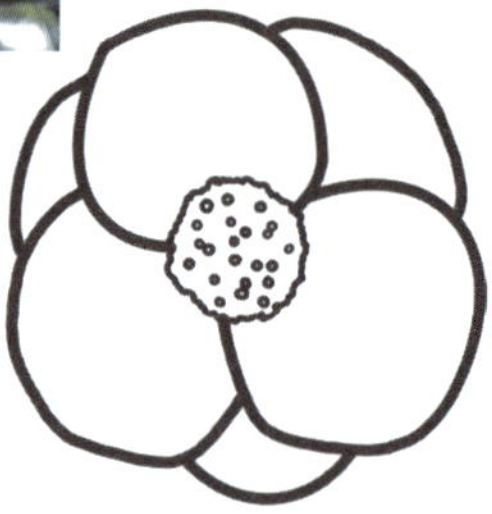

(3) ☐☐

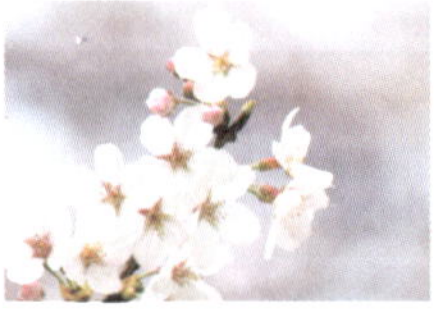

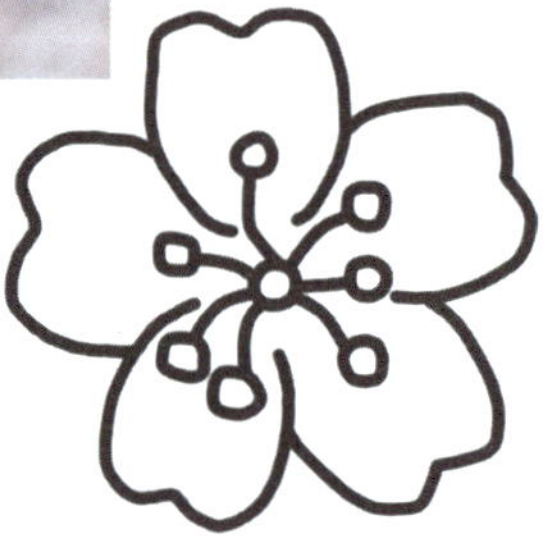

(4) ☐☐☐

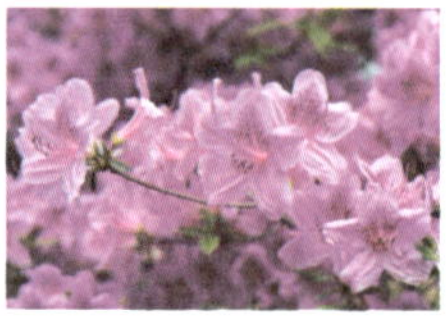

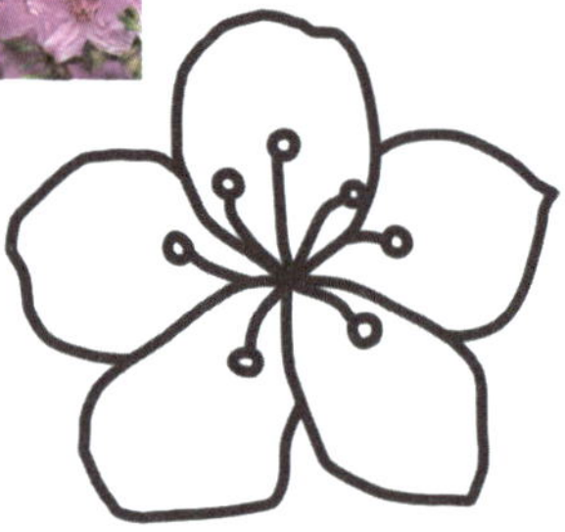

2 숨은 단어를 찾아라!

Q 주제와 관련된 단어들을 찾아 보세요.

주제 기후변화

일	기	예	보	폭	고	애
관	호	수	이	상	생	주
산	개	화	래	단	구	백
림	측	제	강	아	풍	규

3 생각 펼치기: 일기예보 쓰기

Q 일기예보관이 되어 봄꽃 축제 또는 단풍놀이를 준비하는 사람들에게 전하는 일기예보를 글로 써 보세요.

A

보기 3월, 9월, 기온, 개화, 단풍, 늦은, 빠른

우리의 식탁은 안전하지 않다

🔑 keyword 찾아보기! 고온, 생산, 금값, 식량 위기

토마토 빠진 햄버거, 속재료 없는 김밥을 상상해 본 적이 있나요? 세계적으로 유명한 햄버거 체인점에서 토마토를 구하지 못해 당분간 햄버거에서 토마토를 빼기로 결정했다는 뉴스가 보도된 적이 있어요. 왜 음식에서 핵심 재료가 빠지는 현상이 일어나는 것일까요?

내가 없는 햄버거라고?

토마토가 잘 자라려면 적당한 온도가 유지되어야 해요. 너무 춥거나 반대로 30℃ 이상의 고온 현상이 지속되면 토마토가 잘 자랄 수 없게 되죠. 이렇듯 이상기후로 인해 토마토 생산에 문제가 발생하면 토마토의 공급이 부족해집니다. 하지만 수요는 그대로이기 때문에 토마토의 가격이 상승하게 되고, 토마토를 재료로 사용하는 샌드위치나 햄버거의 가격도 동시에 올라가거나, 아예 토마토를 재료에 포함하지 않는 현상이 생기게 되는 거예요.

우리 식탁 위의 이러한 위기는 토마토에만 해당되는 것은 아니에요. 날씨의 영향을 많이 받는 또 다른 채소나 과일도 생산량이 점점 감소하면서 가격이 올라 이른바 '금값'이 되고 있죠. 가뭄 등의 자연재해도 생산량에 영향을 미치는 주요 요소랍니다. 최근 지속되는 가뭄으로 인해 세계 최대 커피 생산국인 브라질의 커피 생산량이 줄었고 유럽에서는 올리브 생산량이 감소했어요.

어쩌면 식량 위기를 천천히 겪고 있는 중일지도 모르는 우리, 이 위기를 해결할 수 있는 방법이 어디 없을까요?

더 알아보기

사과지도 변할지도?

'사과'하면 어느 지역이 떠오르나요? 경상북도 영주? 청송? 하지만 아쉽게도 사과의 주산지인 경상북도가 이상기후로 인해 아열대 기후로 바뀌면서 사과 생산량이 점점 줄어들고 있어요. 반면, 경상북도보다 윗지방인 경기도와 강원도에서는 사과 생산량이 늘고 있다는 사실 알고 있나요? 농촌진흥청이 발표한 기후변화 시나리오에 따르면 30년 뒤의 기후 조건을 예상했을 때 사과가 2070년대에는 강원도 일부 지역에서만 생산되고, 2090년대에는 아예 한반도에서 재배하지 못할 것이라고 해요. 어쩌면 앞으로 우리나라에서 망고나 용과 등의 열대 과일을 자주 보게 될지도 모르겠습니다.

어휘쑥쑥

고온: 비교적 높은 온도
위기: 위험한 고비나 시기
감소: 양이나 수가 이전보다 줄어듦
주산지: 작물이나 물품이 주로 생산 또는 재배되는 지역

아열대: 열대와 온대의 중간에 위치하는 지역
열대: 가장 추운 달의 월평균 기온이 섭씨 18℃ 이상으로 매우 더운 지역

문해력쑥쑥 옳은 단어 고르기

(1) 이상기후로 30℃ 이상의 (고온 / 저온) 현상이 지속되면 토마토가 잘 자랄 수 없다.

(2) 이상기후로 날씨의 영향을 많이 받는 채소나 과일의 생산량이 점점 (증가 / 감소)하고 있다.

(3) (경기도 / 경상북도)는 아열대 기후로 바뀌면서 사과 생산량이 점점 줄어들고 있다.

생각해요

1 사과 기후변화 시나리오 살펴보기

Q 사과 재배지 변동 예측지도를 통해 시간이 지날수록 사과 재배지가 어떻게 변화하고 있는지 파악하고, 이러한 현상이 나타나는 이유를 써 보세요.

■ 재배적지(재배가 가장 적합한 지역)   ■ 재배가능지   □ 저위생산지(생산성이 낮은 지역)

출처: 농촌진흥청

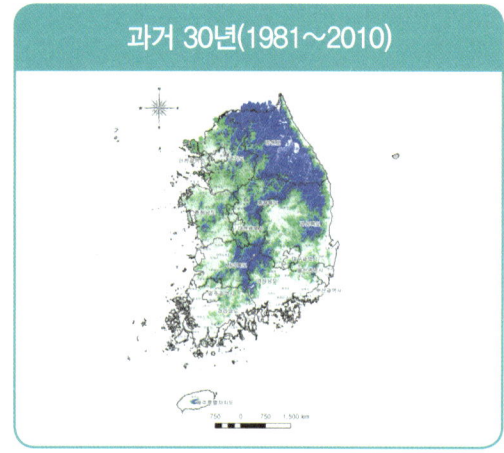
과거 30년(1981~2010)

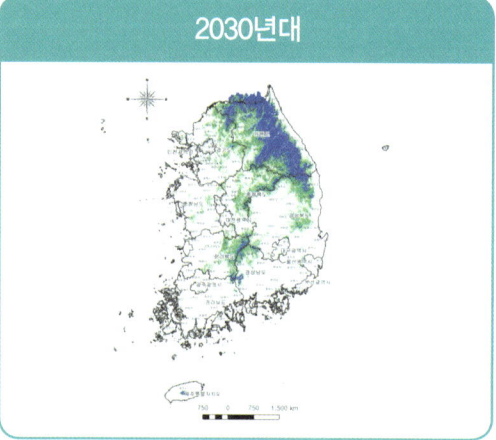
2030년대

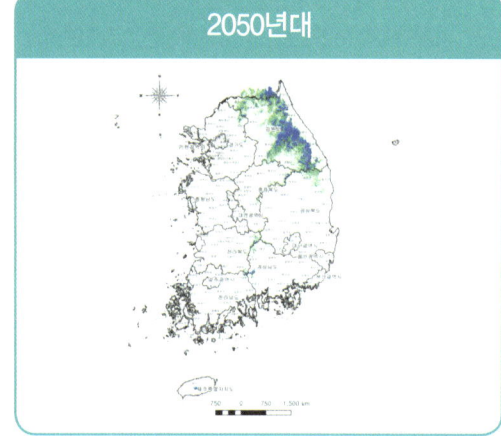
2050년대

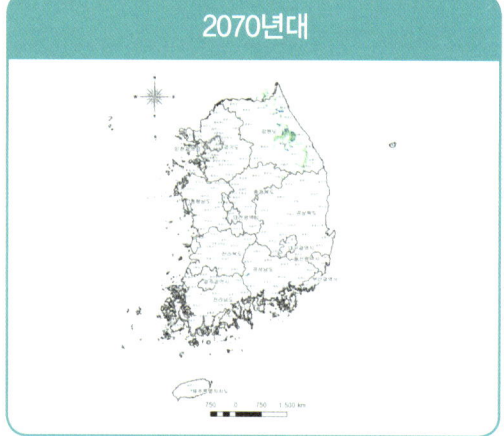
2070년대

A

시간이 지날수록 사과 재배지는 ＿ ＿ ＿ ＿들고 있고, ＿ ＿ ＿쪽까지 있던 사과 재배지가 ＿ ＿ ＿쪽 일부 지역으로 변화하고 있어요. 이러한 현상은 ＿ ＿ ＿ ＿ ＿ ＿ ＿ 때문에 일어나요.

2 한자와 함께 단어 익히기

Q '고온(高溫)'이라는 단어의 뜻을 통해 '높다'라는 뜻을 가진 '고(高)'가 들어 있는 단어를 〈보기〉에서 찾아 보세요.

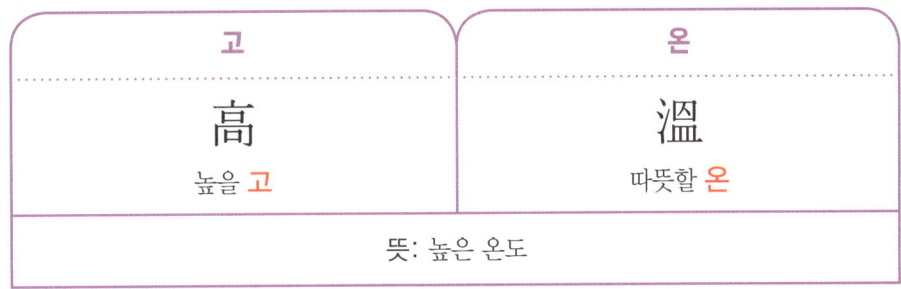

보기

고혈압	고기	고등학교	고물
고구마	고열	고사리	고무신

3 생각 펼치기: 소감 쓰기

Q 기사를 읽고 알게 된 점이나 느낀 점을 써 보세요.

A

힌트 이상기후로 우리나라에서 망고, 용과, 바나나와 같은 열대 과일이 재배된다면, 나의 생활이 어떻게 바뀔지 생각해 보세요.

사라지는 작은 섬나라

🔑 keyword 찾아보기! 해수면, 상승, 투발루, 기후변화, 불평등, 기후정의

여름이 되면 태평양의 아름다운 섬나라로 여행을 떠나는 사람들이 많습니다. 에메랄드빛의 바다와 코코넛 나무, 그리고 바닷속 동물들이 매력적이기 때문이죠. 그런데 몇몇 섬나라 국가들은 물에 잠길 위기에 처해 있다고 하는데, 과연 무슨 일일까요?

지구 온난화의 영향으로 태평양의 일부 섬들은 세계 평균의 약 3배 수준으로 해수면이 상승하고 있어요. 이에 유엔 사무총장 안토니우 구테흐스(António Guterres)는 "SOS(Save our Seas), 우리의 바다를 구하자."라고 외치며 해수면 상승으로 인해 사라져가는 태평양의 섬들을 걱정했어요. 남태평양의 작은 섬나라 '투발루(Tuvalu)'는 해마다 해수면이 4mm씩 상승하고 있고, 과학자들은 어쩌면 30년 안에 투발루가 세계 지도에서 아예 사라질 수도 있다고 경고하고 있어요. 2021년에 투발루의 외교부 장관 사이먼 코페(Simon Kofe)는 물이 허벅지까지 차오르는 곳에 들어가 수중연설을 하며 투발루의 절박한 상황을 발표하기도 했어요.

▲ 투발루

사실 태평양의 섬나라들은 온실가스를 많이 배출하지 않아서 기후변화에 아주 큰 영향을 주지 않았음에도 온실가스를 훨씬 많이 배출한 나라들로 인해 피해를 입고 있어요. 기후변화에 책임이 있는 자와 피해를 입는 자가 일치하지 않는 정의롭지 못한 상황이 벌어지고 있는 것입니다.

기후변화로 인해 발생하는 불평등을 바로 잡는 것, 즉 기후정의에 대해 한 번쯤은 생각해 보아야 할 것 같습니다.

더 알아보기

기후정의란?

기후변화의 영향으로 전 세계적으로 폭염, 폭설, 태풍, 산불, 가뭄 등이 많이 발생하고 있어요. 그런데 이러한 기후변화에 전 세계 모든 사람들이 같은 수준의 피해를 입는 것은 아니랍니다. 주로 기후변화에 대한 책임이 적은 열대 기후 지역(동남아시아, 사하라 이남 아프리카 등)에 위치한 가난한 나라들이 훨씬 더 많은 피해를 보고 있어요. 또한, 한 나라 안에서도 사회·경제적 약자들은 기후 위기로 인해 더욱 어려운 상황에 놓이고 있어요. 이러한 문제를 바로 잡고자 노력하는 것을 '기후정의'라고 합니다.

어휘 쑥쑥

해수면: 바닷물의 표면
상승: 위로 올라감
절박하다: 매우 다급하고 절실함

정의: 사회나 공동체를 위한 바른 도리
불평등: 차별이 있어 고르지 못함
약자: 힘이나 세력이 약한 사람

문해력 쑥쑥 옳은 단어 고르기

(1) 기후변화로 인해 해수면이 (상승 / 하강)해서 태평양의 일부 섬은 물속에 잠길 수도 있다.

(2) 투발루의 외교부 장관은 수중연설을 하며 자기 나라의 (여유로운 / 절박한) 상황을 발표했다.

(3) 기후변화의 (불평등 / 평등)한 문제를 바로 잡는 것이 기후정의이다.

1 투발루를 도와 주세요!

Q 현재 투발루는 섬이 물에 점점 잠기고 있는 상황입니다. 투발루 외교부 장관의 입장이 되어 투발루가 기후변화로 위협받고 있는 절박한 상황을 글로 써 보세요.

A

안녕하십니까? 전 세계 시민 여러분,

저는 투발루 외교부 장관 사이먼 코페입니다.

그러니 제발 투발루를 도와 주세요.

2 가로 세로 퀴즈

Q 가로 세로 퀴즈를 풀고 빈칸을 채워 보세요.

		5		
		2		
4				
1			3	
			6	

가로 퀴즈	세로 퀴즈
1 물속에서 헤엄침	4 바닷물의 표면
2 차별이 있어 고르지 못함	5 등에 켠 불
3 위로 올라감	6 장사로 파는 물건

3 생각 펼치기: 내가 투발루 국민이라면?

Q 만약 여러분이 투발루 국민이라면 투발루가 물에 점점 잠기는 상황에 대해 어떻게 생각할지 써 보세요.

A 제가 만약 투발루 국민이라면 _____ 점이 제일 힘들 것 같아요. 그 이유는 _____ 때문이에요. 그래서 투발루가 잠기지 않도록 세계 시민들이 _____을/를 실천했으면 좋겠어요. 그리고 해수면이 높아져 저의 집이 잠기게 된다면, 저는 _____ 방법으로 대처할 거예요.

잠들었던 바이러스가 깨어났다!

 **keyword 찾아보기!**   영구동토층, 바이러스, 탄저균, 지구 온난화

'녹지 않고 얼어 있는 땅'에 대한 이야기를 들어본 적이 있나요? 2년 이상 모든 계절 동안 얼어 있던 땅을 '영구동토층'이라고 하는데, 이 땅이 기후변화로 인해 녹고 있다고 해요. 꽁꽁 얼어 있던 땅이 녹아 버린 것도 큰일이지만 땅이 녹으면서 봉인되어 있던 바이러스가 깨어났다는 더욱 충격적인 소식이 들려오고 있어요.

2016년에 러시아 시베리아의 한 지역에서 탄저균에 감염된 순록 2,300여 마리가 떼죽음을 당하고 12세 소년이 사망하는 일이 있었어요. 러시아에서는 1941년 이후 75년 만에 탄저균이 다시 발생했다는 사실에 주목하여 연구를 진행했어요. 연구 결과, 지구 온난화로 영구동토층이 녹으면서 탄저균에 감염된 순록의 사체가 드러났고, 사체에 들어 있던 바이러스가 2016년의 순록과 인간을 전염시킨 것으로 밝혀졌어요. 만약 이렇게 갇혀 있던 새로운 바이러스가 또 등장하게 된다면, 어떻게 될까요? 코로나19 바이러스로 전 세계가 떠들썩했던 상황을 떠올리면 무섭기까지 합니다. 영구동토층이 녹을 때 발생하는 문제는 이뿐만이 아니에요. 영구동토층에는 엄청난 양의 탄소가 저장되어 있는데, 이 탄소가 대기 중으로 방출되면 지구 온난화를 더욱 심각하게 만들 수도 있다고 해요.

잠들어 있던 바이러스까지 깨워 새로운 방식으로 우리를 위협하고 있는 기후변화, 우리는 이 두려움을 그저 받아 들이고 있어야만 할까요?

더 알아보기

러시아에 초대형 싱크홀이?

최근 러시아 시베리아 곳곳에서 의문의 초대형 싱크홀이 발견되고 있어요. 무려 깊이는 30m로 아파트 10층 정도의 높이이고, 너비는 20m나 된다고 해요. 싱크홀이 발견될 때마다 UFO 착륙의 흔적이라는 추측도 있지만, 이러한 현상은 영구동토층이 녹은 것을 시작으로 해서 생겨난 결과라고 해요. 앞으로 이와 같은 미스테리한 기후변화 현상이 더 자주 발생할 수도 있다고 하니 무섭지 않나요?

어휘 쑥쑥

봉인: 단단히 붙이거나 꼭 막아 도장을 찍음
탄저균: 토양, 동물의 털, 뼈, 가죽 등에 사는 세균으로, 탄저병을 유발함
사체: 사람 또는 동물 등의 죽은 몸뚱이
대기: 공기를 다르게 이르는 말
방출: 안에 있던 물질이 밖으로 풀려 나가는 일
싱크홀: 땅속에 지하수가 흘러 형성된 빈 공간이 주저앉아 발생하는 웅덩이

문해력 쑥쑥 옳은 단어 고르기

(1) 영구동토층이 녹으면서 (봉인 / 노출)되어 있던 바이러스가 깨어났다.

(2) 2016년 러시아 시베리아 지역에서 순록이 (코로나19 바이러스 / 탄저균)(으)로 인해 떼죽음을 당했다.

(3) 영구동토층에 저장되어 있던 탄소가 대기 중으로 (방출 / 투입)되면, 지구 온난화가 더욱 심각해질 수 있다.

1 북극곰이 숨긴 단어를 찾아라!

Q 북극곰이 인간에게 해 주고 싶은 말이 있어 편지를 썼어요. 지워진 글자를 조합해 북극곰이 숨긴 단어를 찾아 보세요.

> 안녕! 나는 북극에 살고 있는 북극곰이야.
> 너희들이 🐾화나 tv에서 많이 봤을 수도 있을 것 같아. 나는 인간을 지구에서 함께 살아가는 친🐾라고 생각해. 그렇지만 인간이 발생시킨 지구 온난화로 많은 북극곰들의 보금자리인 빙하가 녹고 있어. 이러한 기후변화로 인한 피해는 우리 🐾물뿐만 아니라 인간도 함께 받고 있어. 그러니 환경을 더 아껴주길 바라!
>
> 20xx년 xx월 xx일 saturday(🐾)에
> 북극곰이..
>
> ps. 내가 이 편지 🐾층이 단어를 숨겨 놓으니 찾아봐!

A

힌트 북극곰이 숨긴 단어 뒤에 올 말은 '~이 녹지 않게 조심해'예요.

☐ ☐ ☐ ☐ ☐

2 사다리 타기 퀴즈

Q 사다리를 타고 내려 간 곳에 알맞은 답을 써 보세요.

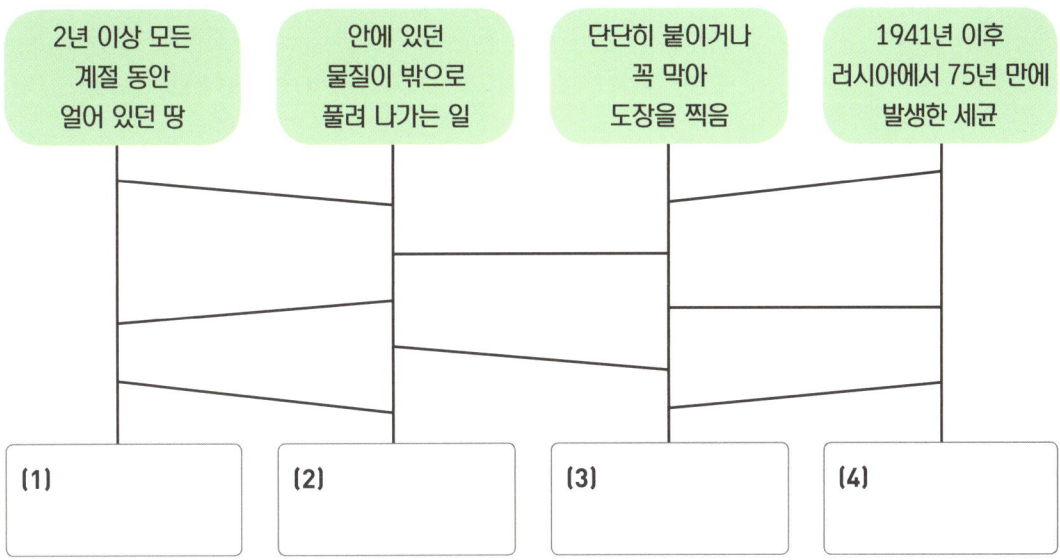

3 생각 펼치기: 미래 상상 일기 쓰기

Q 만약 2050년에 영구동토층이 모두 녹으면 어떤 일이 벌어질지 미래 상상 일기를 써 보세요.

A
　　힌트 만약 봉인된 전염병이 현대에 다시 발병한다면 어떤 피해가 있을까요?

2050년 (　　)월 (　　)일,

1 미디어 리터러시: 역대급 단풍 지각

 선생님, 단풍이 지각했어요!

'가을'하면 무엇이 떠오르나요? 노랗게 물든 은행나무와 울긋불긋해진 단풍나무가 가을의 묘미라고 할 수 있는데요, 이러한 이유로 가을 주말이 되면 근처 공원 혹은 산으로 단풍 나들이를 계획하는 사람들이 많습니다. 그런데 이게 무슨 일일까요? 단풍이 물들어야 할 때인데도 불구하고 나무마다 푸른 빛의 이파리가 달려 있다고 합니다. 설마, 이러다가 단풍을 보지도 못한 채 겨울을 맞이하게 되면 어떡하죠?

뉴스 바로가기! ▶

초성으로 미디어 내용 이해하기

(1) 단풍이 물들려면 | ㅊ | ㅈ | ㄱ | ㅇ | 이 5℃ 이하로 내려가야 한다.

(2) 나무가 추위를 감지하면 잎으로 보내는 | ㅇ | ㅇ | ㅂ |을 끊어 푸른 빛을 내는 | ㅇ | ㄹ | ㅅ |가 파괴되면서 단풍색이 나온다.

(3) 단풍이 지각한 이유는 | ㄴ | ㄷ | ㅇ |가 지속되면서 단풍이 들 시간이 충분하지 않은 탓이다.

단원마무리

2 영화로 만나는 기후 위기 이야기

 기후 위기를 다룬 영화가 있다?

[출처: 코믹스 웨이브 필름]

신카이 마코토 감독의 영화 '날씨의 아이'를 알고 있나요? 이 영화는 이상할 정도로 비가 많이 오는 도시 도쿄를 배경으로, 어린 소년 모리시마 호다카와 날씨를 바꾸는 초능력을 가진 소녀 아마노 히나의 이야기를 담고 있어요. 극심한 폭우와 이상기후로 위기에 처한 그들의 일상을 들여다 볼까요?

〈날씨의 아이 / 애니메이션 / 일본 / 감독: 신카이 마코토〉

영화 '투모로우'는 기후학자 잭이 남극에서 빙하 코어를 탐사하던 중 지구에 이상기후가 나타날 것을 감지하게 되면서 벌어지는 일을 그리고 있어요. 이 영화는 '우리에게 내일 이후의 날이 과연 올까?'라는 메시지를 담고 있어요. 영화 '투모로우'를 통해서 분노한 자연 앞 인간의 무력함을 느낄 수 있을 거예요.

〈투모로우 / 액션 / 미국 / 감독: 롤랜드 에머리히〉

[출처: 센트로 폴리스 엔터테인먼트]

소개해요

3 한뼘 텃밭 만들기

 기후변화에 따른 식량 위기에서도 살아남을 수 있도록 직접 식량을 길러 볼까요?

스티로폼 상자로 한뼘 텃밭 만들기

1. 깨끗하게 씻은 스티로폼 상자 밑을 십자모양으로 뚫어 물빠짐 구멍을 만들어요.
2. 양파망을 재활용해 바닥에 깔아준 후 흙과 배양토를 적절히 섞어서 담아요.
3. 내가 키우고 싶은 작물을 선택해 심어요.
4. 햇빛이 잘 드는 곳에서 작물을 관리해요.
5. 심은 작물에 따라 애호박, 고추, 방울토마토 등을 재배할 수 있어요.

내가 먹을 먹거리를 내 손으로 길러본 후 느낀 점을 써 보세요.

제가 키운 작물은 _____ 이에/예요. 제가 먹을 작물을 직접 길러보니
_____
_____ 느낌이 들었어요.

4 '투발루' 이야기 더 찾아보기

 지구 온난화로 물에 잠겨 사라지는 섬 투발루의 이야기가 더 궁금하다면?

[출처: 네이버 영화]

투발루는 오세아니아 폴리네시아에 위치해 있는 섬나라예요. 디즈니 영화 '모아나'도 폴리네시아인을 다룬 영화죠. 자신이 사는 섬이 저주에 걸리자 섬을 구하기 위해 모아나가 모험을 떠나는 흥미진진한 이야기가 궁금하지 않으신가요?

<모아나 / 애니메이션 / 미국 / 감독: 론 클레먼츠>

투발루에 사는 소녀 로자와 투발루라는 이름을 가진 고양이의 우정을 다룬 책이에요. 섬 투발루가 점점 가라앉아 이곳에서 더 이상 살 수 없게 되자, 로자의 가족은 섬을 떠나게 되고, 고양이 투발루와도 헤어지게 됩니다. 가라앉는 섬 투발루와 수영을 하지 못하는 고양이 투발루, 이 둘의 뒷 이야기는 어떻게 될까요?

<유다정 글 / 박재현 그림 / 미래아이>

남태평양 한 가운데에 산호초가 쌓여 만들어진 작은 섬나라 투발루. 하지만 지구 온난화로 땅이 바닷물에 잠기자 투발루가 사라질 위기에 처했어요. 이 책을 읽으며 내일도, 모레도 오래도록 투발루가 이 땅에 함께 할 수 있도록 우리의 지구를 지키는 것에 대해 함께 생각해 볼까요?

<민이오 글·그림 / 크레용하우스>

PART 2

에너지, 자원

01 10명 중 8명이 차가 없는 마을
02 이메일의 탄소발자국을 지워 주세요
03 튀김 튀기고 남은 폐식용유, 비행기 띄운다
04 우유팩, 종이류일까?
05 열은 무엇보다 소중해, 패시브하우스

10명 중 8명이 차가 없는 마을

 보봉 마을, 생태 마을, 공존, 절약, 자립

여러분은 지구를 위해 어느 정도까지 불편함을 참을 수 있나요? 여기 지속가능한 지구를 위해 기꺼이 불편함을 받아들인 독일의 한 마을이 있어요.

보봉(Vauban) 마을은 독일 프라이부르크(Freiburg im Breisgau)를 대표하는 '생태 마을'로, 원래는 제2차 세계대전 당시 독일군의 주둔지였어요. 독일군이 전쟁에서 패한 뒤 프랑스군이 주둔했을 때 이 마을을 설계한 프랑스 건축가의 이름을 따서 마을 이름을 '보봉'으로 지었다고 해요. 이후 독일이 동서 통일을 이루고 프랑스군이 마을에서 떠난 뒤 주민들끼리 의견을 모아 생태 마을을 만들게 되었죠.

'생태 마을'이라는 이름만 들어도 자연과 함께 공존한다는 느낌이 들지 않나요? 보봉 마을이 있는 프라이부르크 도시 전역에는 500km의 자전거 도로가 있어 가까운 거리는 자전거로 이동하고, 마을 밖으로 멀리 나갈 때는 트램을 이용한다고 해요. 자동차를 대신할 수 있는 교통수단
이 많기 때문에 보봉 마을 주민의 80%는 자동차가 필요 없는 것이죠. 또한, 보봉 마을의 주택 옥상에는 태양광 전자판이 설치되어 있어 각 집마다 에너지를 자체적으로 만들어 소비하고 있답니다. 놀라운 사실은 보봉 마을 주민 스스로가 이러한 정책들을 만들어 지키고 있다는 거예요.

자연과의 공존을 생각하며 주민 스스로 에너지 절약에 힘쓰는 에너지 자립 마을 보봉으로 가보고 싶어집니다.

더 알아보기
우리나라에도 에너지 자립 마을이?

약 30가구에 60여 명의 사람들이 살고 있는 어촌 마을 '죽도(竹島)'를 아시나요? 이름처럼 대나무가 많아 죽도라고 불리는 이 섬은 충청남도에 위치한 에너지 자립 마을로, 마을과 가정에서 사용하는 전력의 대부분을 태양광과 풍력 발전 시설로부터 생산해서 사용하고 있답니다. 그런데 죽도가 아름다운 친환경 마을로 소개되자, 관광객이 늘어나면서 에너지 사용량이 지나치게 늘었다는 안타까운 소식이 들리고 있어요. 에너지 자립 마을 죽도가 그 의미를 다할 수 있도록 관광객들도 친환경 의식을 가져 보는 것이 필요해 보입니다.

주둔지: 군대가 임무 수행을 위해 머무르고 있는 장소
공존: 서로 도와서 함께 존재함
전역: 어느 지역의 전체
트램: 도로에 설치한 레일 위를 운행하는 전차

자체적: 다른 것을 제외한 사물 본래가 가지고 있는 것
자립: 남에게 의지하거나 종속되지 않고 스스로의 힘으로 섬

문해력 쑥쑥 빈칸 채우기

(1) 독일의 보봉 마을은 원래 제2차 세계대전 때 독일군의 [   ]였다.

(2) 독일의 보봉 마을 주민 80%는 자동차 없이 [   ]이나 자전거로 이동한다.

(3) 독일의 보봉 마을은 주민 스스로 에너지를 만들어 사용하는 에너지 [   ] 마을이다.

1 실생활에서 실천하는 에너지 절약

Q 에너지 절약 그림의 상황에 맞는 단어를 골라 실천 방법을 완성해 보세요.

A

(1) 여름에는 에어컨과 선풍기를 동시에 사용한다. 이때 에어컨과 선풍기 바람의 방향은 (같은 곳 / 다른 곳)을 향하게 한다.

(2) 사용하지 않는 전자기기의 플러그를 뽑아 놓거나 콘센트 스위치의 버튼을 (OFF / ON)(으)로 눌러 놓는다.

(3) 양치할 때는 (컵에 물을 받아서 / 수도꼭지를 틀어 놓고) 한다.

(4) 낮에는 (햇빛 / 조명)을 이용해 교실 또는 방을 밝게 하여 사용하지 않아도 되는 조명은 꺼 둔다.

2 사다리 타기 퀴즈

Q 사다리를 타고 내려 간 곳에 알맞은 단어를 써 보세요.

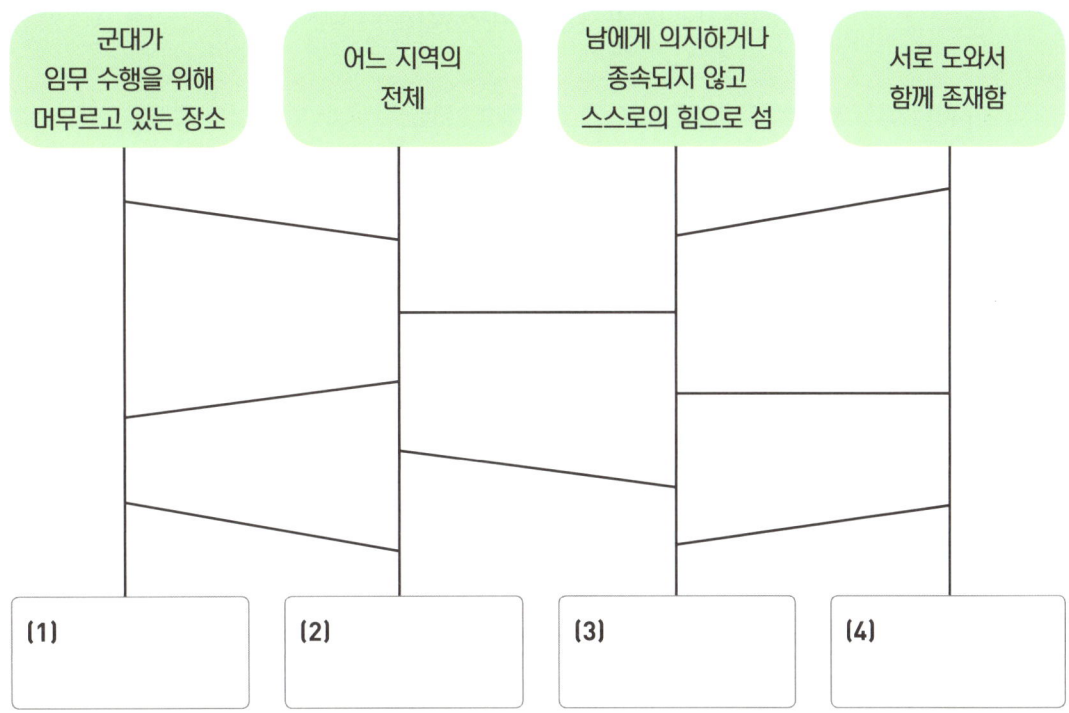

3 생각 펼치기: 나의 마을을 에너지 자립 마을로 바꾼다면?

Q 여러분의 마을을 에너지 자립 마을로 바꾼다면, 생태 마을 보봉의 어떤 정책을 도입하고 싶은지 써 보세요.

A 저는 보봉 마을의 _____ 정책을 도입하고 싶어요. 그 이유는 _____ _____ 때문이에요.

이메일의 탄소발자국을 지워 주세요

🔑 keyword 찾아보기!   디지털 기기, 탄소발자국, 온실가스, 전력

우리의 일상생활을 편리하게 해 주는 스마트폰, 태블릿PC, 노트북 등의 디지털 기기는 친구만큼 친숙한 존재가 되었어요. 그런데 디지털 기기를 이용하며 누리는 편리한 생활 뒤에는 디지털 탄소발자국이라는 무서운 그림자가 숨어 있다고 해요.

전화 통화와 LTE, 5G와 같은 데이터 사용, 인터넷 검색, 이메일 전송 및 OTT 감상까지 디지털 기기를 활용한 활동을 할 때 온실가스가 배출된다는 사실, 알고 있었나요?

우리가 디지털 기기를 이용할 때 사용되는 모든 데이터는 데이터를 저장하는 센터로 이동합니다. 이때 데이터를 관리하는 장치의 온도가 너무 높아지지 않도록 식혀 주는 과정을 거치는데, 이 과정에서 엄청난 전력이 소비되고 온실가스 또한 발생된답니다. 이렇게 발생한 온실가스에는 이산화 탄소, 메탄 등을 포함한 6종류의 탄소들이 있어요. 그래서 개인, 기업, 국가 등이 온실가스를 얼마나 배출하는지의 총량을 나타낸 것을 탄소발자국이라고 한답니다.

디지털 기기를 아예 사용하지 않고 살아가는 것은 어려울 거예요. 하지만 디지털 탄소발자국을 '줄일' 수 있는 방법은 있답니다. 스마트폰 밝기를 다크모드로 설정하면 25~30%의 전력을 절약할 수 있고, 오래되거나 불필요한 메일을 정리하면 전력 소비량을 감소시킬 수 있어요.

스마트폰을 사용하고, 찜해둔 영상을 볼 때마다 뜨거워지는 지구를 떠올리며 오늘도 디지털 탄소발자국 줄이기에 도전해 보는 것은 어떨까요?

더 알아보기

그게 뭔데? 디지털 탄소발자국!

"인터넷, 통화, 검색, 충전 등 디지털 기기를 사용하는 모든 과정에서 발생해요."

"뭐가 발생한다는 거예요?"

"온실가스요! 그리고 디지털 기기를 사용할 때 발생하는 온실가스의 양을 바로 디지털 탄소발자국이라고 해요."

환경부에 따르면 이메일 한 통에 4g, 통화 1분에 3.6g, 동영상 시청 10분에 1g의 이산화 탄소가 발생한다고 해요. 우리 모두가 스마트폰 사용을 조금씩 줄여 나간다면, 그 조금이 모여서 디지털 탄소발자국의 큰 감소를 가져오지 않을까요?

친숙한: 친하여 익숙함
검색: 책이나 컴퓨터에 들어 있는 자료 중 필요한 자료를 찾아 냄

OTT: 인터넷으로 영화, 드라마, 방송 등의 각종 미디어 콘텐츠를 제공하는 서비스
전력: 전류(전기)가 하는 일
설정: 용도나 역할 등을 정함

 빈칸 채우기

(1) 디지털 기기는 편리하기 때문에 우리에게 친구만큼 [   ]한 존재가 되었다.

(2) 동영상을 보거나 궁금한 것을 인터넷으로 [   ]하는 디지털 활동은 온실가스를 배출한다.

(3) 스마트폰 밝기를 다크모드로 [   ]하면 25~30%의 전력을 절약할 수 있다.

1 나의 디지털 활동 돌아보기

Q 디지털 탄소발자국을 줄이기 위해 일상생활에서 내가 실천하고 있는 것이 있다면, 해당하는 번호의 빈칸에 체크해 보세요.

A

1. 스마트폰 게임 시간 줄이기 ☐
2. 유튜브 영상 시청 시간 줄이기 ☐
3. 스마트폰 밝기를 다크모드로 설정하기 ☐
4. 음악 실시간 재생 대신 다운로드하기 ☐
5. 불필요한 이메일, 카톡, 문자 정리하기 ☐

▶ 5개: 디지털 탄소발자국을 줄이기 위해 열심히 실천하고 있군요!
▶ 3~4개: 건강한 지구를 위해 조금 더 노력해 볼까요?
▶ 2개 이하: 생활 습관을 고쳐 볼까요?

2 O / X 퀴즈

Q 다음 문장을 읽고 맞으면 O, 틀리면 X에 표시해 보세요.

(1) 요즘 초등학생들은 디지털 기기에 친숙해 하지 않아 한다. [O] [X]

(2) 이메일을 전송하는 활동 자체는 디지털 탄소발자국을 남기지 않는다. [O] [X]

(3) 데이터 관리 장치의 온도를 조절하기 위해 사용되는 전력으로 인해 온실가스가 발생한다. [O] [X]

3 생각 펼치기: 서약서 작성하기

Q 디지털 탄소발자국을 줄이기 위해 내가 실천할 수 있는 일을 생각해 보고, 실천을 다짐하는 서약서를 완성해 보세요.

A

디지털 탄소발자국 줄이기 서약서

1. _____

2. _____

3. _____

나 _____은/는 디지털 탄소발자국을 줄이기 위해 위와 같이 실천함을 다짐합니다.

_____년 ____월 ____일

_____초등학교 _____ (서명)

튀김 튀기고 남은 폐식용유, 비행기 띄운다

🔑 keyword 찾아보기! 폐식용유, 수질 오염, 재활용, 탄소중립, 바이오 연료

깨끗한 기름에 갓 튀겨낸 튀김은 생각만 해도 군침이 돌게 만듭니다. 음식을 바삭하고 고소하게 만드는 기름은 아쉽게도 그 쓰임을 다하고 나면 골칫거리가 됩니다. 폐식용유를 하수도에 그대로 흘려 보내면 중간에 굳어 버리거나 수질 오염을 일으킬 수 있기 때문에 재활용하는 것은 필수입니다. 그런데 재활용을 위해 모은 폐식용유를 활용해 비행기를 띄울 수 있다는 사실, 알고 있나요?

교통수단 중에 탄소 배출량이 가장 많은 것은 비행기예요. 전세계적으로 탄소중립을 실현하려는 움직임에 맞추어 항공업계에서도 탄소 배출을 줄이기 위해 항공유에 변화를 주었어요. 바로 기존에 항공유로 사용하던 석탄이나 석유 등의 화석 연료에 폐식용유, 사탕수수, 해조류 등의 폐자원을 활용한 바이오 연료를 혼합한 것이죠.

우리나라의 '대한항공'은 'GS칼텍스'로부터 바이오 항공유를 제공받아 시범 운항도 진행했다고 해요. 가까운 미래에는 바이오 연료 덕분에 비행기가 '탄소 배출량 1위 교통수단'이라는 타이틀에서 벗어날 수 있기를 기대합니다.

가정에서 골칫거리였던 폐식용유가 화석 연료 대비 탄소 배출을 80%나 줄일 수 있는 바이오 연료로써 기능하면서 쓰레기 처리 문제도 해결되니 일석이조인 셈이네요.

더 알아보기
폐식용유는 어떻게 분리배출할까?

가정, 학교, 기업, 음식점, 패스트푸드 가맹점 등 폐식용유가 나오는 곳은 많아요. 폐식용유를 하수도로 흘려 보내지 않고 에너지로 재탄생시킬 수 있는 배출 방법을 알아 봅시다. 가정에서 돈가스를 튀기거나 전을 만들고 나서 생긴 폐식용유는 아파트에 비치되어 있는 폐식용유 수거함에 분리배출하면 돼요. 음식점 등에서 많은 양의 폐식용유가 발생할 때는 전문 수거업체에 비용을 지불해 처리하면 된답니다. 폐식용유가 탄소 배출이 적은 에너지로 변신할 수 있게 함께 분리배출해요!

 어휘쑥쑥

하수: 가정이나 공장에서 일정한 용도로 사용한 후 버리는 물
탄소중립: 대기 중의 온실가스 농도가 인간의 활동에 의해 더 증가되지 않도록 순배출량이 0이 되도록 하는 것
항공유: 항공기의 연료로 쓰이는 기름
가맹점: 어떤 동맹이나 연맹, 조직에 가입되어 있는 가게
분리배출: 쓰레기를 종류별로 나누어서 버림

 옳은 단어 고르기

(1) 음식을 튀기고 난 뒤의 식용유는 검게 되어 (폐식용유 / 다시 튀길 수 있는 식용유)가 된다.

(2) 대부분의 항공사들은 석탄이나 석유 등의 (화석 연료 / 친환경 연료)를 항공유로 사용해 왔다.

(3) 폐식용유를 활용한 바이오 연료는 탄소 배출을 줄이면서도 쓰레기 처리도 함께 이루어져 (일석이조 / 일거양실)인 셈이다.

생각해요

1 폐식용유 버리는 방법 알아보기

Q 폐식용유 버리는 방법을 알려 주는 설명의 빈칸에 들어갈 알맞은 단어를 찾아 선을 그어 보세요.

(1) 아파트 단지 또는 주민센터에 있는 _____에 버리기

냉동고

(2) 폐식용유의 양이 적은 경우에는 _____에 기름을 흡수시켜서 일반쓰레기로 버리기

휴지

(3) 기름을 굳게 만드는 _____를 사용해서 굳은 기름은 일반쓰레기로 버리기

기름응고제

(4) 폐식용유를 _____에서 얼린 후 일반쓰레기로 버리기

폐식용유 수거함

2 한자와 함께 단어 익히기

Q '일석이조(一石二鳥)'라는 사자성어의 뜻을 확인하고, '일석이조'에 해당되는 문장을 〈보기〉에서 찾아 보세요.

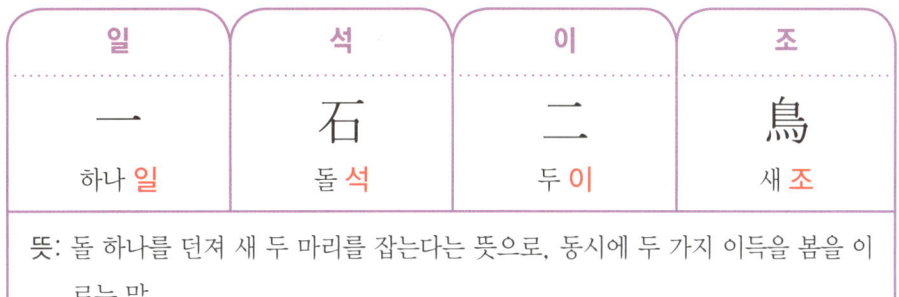

일	석	이	조
一	石	二	鳥
하나 일	돌 석	두 이	새 조

뜻: 돌 하나를 던져 새 두 마리를 잡는다는 뜻으로, 동시에 두 가지 이득을 봄을 이르는 말

보기

ㄱ. 산책하면서 쓰레기를 주으면, 건강해지고 환경도 보호할 수 있다.

ㄴ. 학원을 가지 않고 친구들이랑 놀아서 엄마에게 혼나고, 학원 진도도 따라가지 못했다.

3 생각 펼치기: 홍보 포스터 만들기

Q 폐식용유가 에너지 자원으로 재활용될 수 있다는 사실을 널리 알리기 위한 홍보 포스터를 만들어 보세요.

A 저는 _____을/를 강조하기 위해

_____ 그림과 문구를 포함해 홍보 포스터를

만들었어요.

우유팩, 종이류일까?

🔑 **keyword 찾아보기!** 우유팩, 분리배출, 자원, 재활용

자기 전 따뜻한 우유 한 잔을 마시는 것은 하루를 기분 좋게 마무리하는 행동입니다. 그런데 여러분! 우유를 다 마시고 난 후에 우유팩을 어떻게 분리배출하고 있나요? 분리수거장에서 우유팩만 수거하는 시민을 발견하여 인터뷰해 보았습니다.

기자 안녕하세요. 왜 분리수거장에서 우유팩만 수거하고 계신가요?

시민 종이류에 잘못 버려진 우유팩을 찾고 있는 중이에요. 우유팩은 종이가 아니기 때문에 따로 분류해서 버려야 돼요.

기자 우유팩을 종이류에 버리는 것으로 알고 있는 사람들이 많을 텐데요, 그러면 우유팩이 종이가 아닌 이유는 무엇인가요?

시민 여기 보세요. 우유팩에 '일반팩'이라고 표기되어 있죠? 우유팩의 내부는 내용물을 신선하게 유지해 주기 위한 플라스틱 소재로 코팅되어 있기 때문에 일반 종이와 함께 버리면 그냥 쓰레기가 됩니다. 하지만 우유팩을 종이와 따로 분류해서 버리면 좋은 자원이 되어 돌아와요.

기자 우유팩이 좋은 자원이 되어 돌아온다고요? 구체적으로 어떤 종류로 재활용되나요?

시민 우유팩은 제지공장으로 운반되어 재생 휴지, 키친타월 등으로 재탄생돼요. 하지만 우리나라는 이런 시스템이 잘 갖추어져 있지 않아 우유팩의 70% 이상이 그냥 버려진다고 해요. 쓸모가 있는데도 버려지는 우유팩이 아깝지 않나요? 우유팩을 분리배출하기 위해 더욱 신경 써야겠다는 생각이 듭니다.

더 알아보기

일반팩 or 멸균팩?

우유팩의 뒷면을 보면 '일반팩' 또는 '멸균팩'이라고 표기가 되어 있는 것을 볼 수 있어요. 이 둘의 차이는 무엇일까요? 일반팩은 우리가 흔히 보는 삼각형의 지붕 모양을 띠는 우유팩을 말해요. 반면, 멸균팩은 안쪽에 얇은 알루미늄이 있는 우유팩을 말하며, 주로 두유가 들어 있어요. 이제 일반팩과 멸균팩의 구분이 쉽게 되나요? 일반팩과 멸균팩은 종이류가 아니기 때문에 모두 따로 분류해서 버려야 한답니다. 올바른 자원순환을 위해서 똑똑한 분리배출이 필요하겠죠?

일반팩 표시   멸균팩 표시

분류: 사물을 종류에 따라 가름
자원: 인간의 생활에 필요한 물적 자료 및 노동력과 기술
제지: 종이를 만듦

멸균: 균을 완전히 없애 무균상태로 만드는 것
자원순환: 폐기물을 재활용하거나 처리하는 방식

문해력쑥쑥 빈칸 채우기

(1) 우유팩은 종이류가 아니기 때문에 따로 [ ] 해서 버려야 한다.

(2) 우유팩을 잘 분류해서 버리면 좋은 [ ] 이 되어 돌아 온다.

(3) 우유팩은 [ ] 공장으로 운반되어 재생 휴지 또는 키친타월 등으로 재탄생된다.

1 종이와 우유팩 분리배출하기

Q 섞여 있는 종이와 우유팩을 분리하여 각각 해당되는 칸에 그려 넣어 보세요.

A

종이류	일반팩	멸균팩

2 숨은 단어를 찾아라

Q 주제와 관련된 단어들을 찾아 보세요.

주제 분리배출

분	기	교	환	폭	고	예
관	재	순	이	염	상	멸
산	원	활	래	소	구	균
자	측	제	용	아	문	유

3 생각 펼치기: 올바른 우유팩 분리배출 방법 알리기

Q 만약 여러분이 분리수거장에서 우유팩을 종이류에 버리는 사람을 봤다면, 어떤 방법을 사용해서 그 사람이 올바른 분리배출을 할 수 있도록 도울지 써 보세요.

A 우유팩을 분리배출 하지 않고 종이류에 버리는 사람에게 저는 _ _ _ _ _ _ _ _ _ _ _ _ _ _ _ _

_ _

방법을 사용해서 올바른 분리배출에 대해 알려 줄 거예요.

열은 무엇보다 소중해, 패시브하우스

keyword 찾아보기! 전력, 냉방, 난방, 패시브하우스, 절약

혹시 우리 집에서 일 년 동안 사용하는 전력의 양은 어느 정도인지 생각해 본 적이 있나요? 다양한 가전제품을 비롯해 여름철 냉방을 위한 에어컨과 겨울철 난방을 위한 난방기를 사용할 때도 엄청난 전력이 소모된다고 합니다. 전력을 사용하는 것이 환경에 어떤 영향을 끼치냐고요? 우리가 사용하는 전기는 거의 대부분 화석 연료로부터 얻고 있는데, 이 화석 연료를 생산하는 과정에서 온실가스가 발생하기 때문이죠.

그래서 집을 짓는 단계에서부터 가정에서 사용하는 에너지를 줄이기 위한 방법을 고민한 결과, '패시브하우스(passive house)'가 탄생하게 되었어요. '수동적인 집'이라는 의미를 가진 패시브하우스는 에너지를 적극적으로 생산하는 것은 아니지만, 새어나가는 열의 이동을 차단하여 에너지를 절약할 수는 있는 집이에요.

패시브하우스의 큰 특징으로는 태양에너지를 이용하는 것인데요, 창문을 남향으로 배치해서 낮 시간 동안 얻은 태양에너지를 통해 실내 온도를 조절하고, 여름철에는 햇빛을 차단하기 위해 차양을 이용하기도 합니다. 또한, 단열재를 사용해서 바깥의 온도가 전달되지 않도록 하는 것도 특징 중 하나입니다. 여름철에는 달궈진 열을, 겨울철에는 차가운 기운을 막을 수 있어요.

기후변화로 인해 여름철에는 폭염, 겨울철에는 한파가 심해지고 있는 살벌한 날씨 속에서 여러분의 집을 패시브하우스처럼 만들 수 있는 방법에는 어떤 것이 있을까요?

더 알아보기

선조의 지혜에서 비롯된 처마

집에서 무더운 여름을 보내기 위해 알아 두어야 할 점은 무엇일까요? 바로 뜨거운 태양을 피하는 방법이죠. 하지만 뒤이어 오는 추운 겨울도 이겨 내야 했기에 무조건 태양을 등질 수는 없었어요. 그래서 우리 선조들은 창을 남향으로 내되, 햇빛을 가리기 위한 '처마'를 만들었어요. 여름철 외부에서 들어오는 햇빛을 차단해 주는 처마가 오늘날 패시브하우스의 일부라고 할 수 있는 것이죠. 그렇다면 요즘 많은 사람들이 선호하는 통유리 건물은 여름에 어떻게 햇빛을 차단할 수 있을까요?

어휘쑥쑥

배치: 사람이나 물자 등을 일정한 자리에 나누어 둠

차단: 액체나 기체 등의 흐름 또는 통로를 통하지 못하게 막거나 끊음

차양: 햇빛을 가리거나 비가 들이치는 것을 막기 위해 처마 끝이나 창문 바깥쪽에 덧붙이는 물건

선조: 먼 윗대의 조상

선호: 여럿 중에서 어떤 것을 특별히 좋아함

문해력쑥쑥 옳은 단어 고르기

(1) 난방 또는 냉방을 사용할 때는 엄청난 (전력 / 인력)이 드는데, 이때 사용되는 전기는 화석 연료로부터 만들어진다.

(2) 패시브하우스는 (수동 / 능동)적인 집을 뜻하며, 에너지를 절약하도록 설계된 집이다.

(3) 여름에는 햇빛을 차단하기 위해 처마와 같은 (차양 / 커튼)을 이용한다.

1 패시브하우스 만들기

Q 에너지를 절약할 수 있는 패시브하우스를 어떻게 만들 것인지 그려보고 〈보기〉에 있는 단어를 활용해서 설명을 써 보세요.

보기 태양광 전자판, 창문, 처마, 단열재

A

저는 _____ 기능을 추가해서

_____

_____

_____

패시브하우스를 만들거예요.

2 섞어섞어 단어퀴즈

Q 주제와 관련된 단어들을 찾아 보세요.

주제 패시브하우스

선풍기	절약	분리배출
처단	일회용	대체육
자동	우산	남향 창문
수동적	도로	플라스틱

3 생각 펼치기: 내가 건축가라면?

Q 만약 여러분이 환경을 생각하는 건축가라면, 우리집에 어떠한 기능을 추가하고 싶나요?

A 저는 ___번 기능을 우리집에 추가하고 싶어요. 그 이유는 _____

_____ 때문이에요.

① **두꺼운 단열재 넣기**: 일반 단열재보다 두께가 것을 넣어 난방 에너지를 아끼기
② **환기 장치 설치하기**: 필터 시스템과 같은 환기 장치를 설치해서 실내로 들어오는 공기 속 먼지, 꽃가루 등을 정화시키기
③ **고성능 창문 설치하기**: 단열이 잘 되는 고성능 창문을 설치해서 실내의 냉난방 에너지가 잘 빠져나가지 못하게 하기

1 미디어 리터러시: 이 비행기의 종착지는 '친환경'입니다.

 국산 친환경 항공유를 사용한 비행기의 첫 운항!

비행기는 교통수단 중에서 가장 많은 이산화 탄소를 배출합니다. 이런 이유로 비행기를 타고 여행하는 것을 꺼리는 분들도 많을 텐데요. 사람들의 걱정을 알았을까요? 국내의 한 항공사가 친환경 항공유로 주유한 비행기의 첫 운행을 시작했다고 합니다. 항공 분야에서 불어오는 녹색 바람! 그 처음을 함께 감상해 보세요.

뉴스 바로가기! ▶

초성으로 미디어 내용 이해하기

(1) 국산 ㅈ ㅅ ㄱ ㄴ ㅎ ㄱ ㅇ 인 SAF를 사용한 국내 여객기가 첫 상용운항에 나섰다.

(2) 화학 연료가 아닌 ㅍ ㅅ ㅇ ㅇ 와 음식물 폐기물에서 수집한 탄소로 만들었다.

(3) 국내에서 1%의 SAF 혼합 항공유를 사용하면 연간 16만t의 ㅌ ㅅ ㅂ ㅊ ㄱ ㅊ ㅎ ㄱ 가 있을 것으로 예상된다.

2 세계 속 친환경 지역 알아보기

 지역 주민이 주체적으로 만들어 가는 친환경 지역의 이모저모

1. 슬로베니아의 웨르니까(Vrhnika)

슬로베니아의 웨르니까는 쓰레기 제로 도시예요. 1994년 웨르니까의 쓰레기 매립장이 포화 상태가 되자, 재활용의 필요성을 느끼면서 쓰레기 제로 목표를 세웠다고 해요. 2018년에 이미 76.2%의 재활용률을 달성했으며, 계속해서 수치를 더 높여갈 계획이라고 합니다. 웨르니까가 이뤄낼 쓰레기 제로의 날이 정말 얼마 남지 않아 보이죠?

2. 영국의 토트네스(Totnes)

영국의 토트네스 마을은 대형마트 대신 주민들이 물건을 직접 판매하는 플리마켓을 운영해요. 이는 유통거리가 긴 대형마트가 만들어 내는 많은 에너지와 탄소를 줄이고자 주민들 스스로 만들어낸 아이디어랍니다.

3. 네덜란드의 헤이르휘호바르트(Heerhugowaard)

헤이르휘호바르트는 네덜란드 최대의 태양광 주거 단지예요. 이 단지의 95%에 해당되는 주택들에는 태양광 전자판이 설치되어 있다고 해요. 그래서 소비하는 에너지보다 생산하는 에너지의 양이 더 많은 주거단지라는 사실! 마을 공동체가 기후변화와 에너지 고갈에 대응하고 있네요.

3 우유팩 분리배출 방법 알아보기

 잘 버리면 자원이 되는 우유팩, 어떻게 버리면 좋을까요?

다 먹은 우유팩을
물로 잘 씻어요.

가위로 우유팩의
가장자리를 잘라요.

펼친 우유팩을 햇볕이
잘 드는 곳에 말려요.

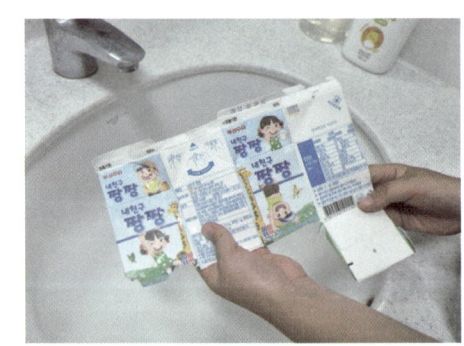

자른 우유팩을
한 장으로 펼쳐요.

우유팩을 모아 행정복지센터에 가져가면 재활용 휴지로 교환해 주고, '자연드림', '한살림' 매장에 가져가면 포인트를 쌓아 준다고 하니, 우리 모두 실천해 보면 어떨까요?

단원마무리

4 우유팩의 새로운 탄생, '밀키프로젝트'

 우유팩을 활용하여 업사이클링 제품을 탄생시키는 기업, 밀키프로젝트를 알아봐요.

밀키프로젝트는 우유팩을 활용한 새로운 형태의 업사이클링 제품과 다양한 문화콘텐츠 및 교육프로그램을 개발하는 기업이에요. 밀키프로젝트의 대표 제품인 밀키파우치는 '회수된 우유팩 선별 – 세척 – 건조 – 재선별 – 재료 손질 – 소독 – 필름 후 공정 – 커팅 공정 – 재선별 – 테이핑 – 라벨링 – 버튼 – 결합 – 조립 – 패키징'이라는 복잡한 과정을 거쳐 탄생한 D.I.Y 업사이클링 키트예요. 깨끗이 회수된 '우유팩 한 장'이 전혀 다른 용도의 새로운 물품으로 재탄생되는 모습이 궁금하지 않나요?

[출처: 밀키프로젝트]

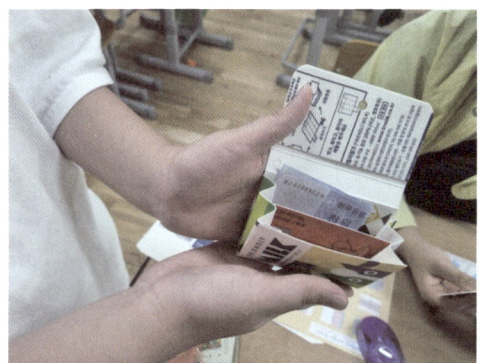

▲ 밀키프로젝트가 제공하는 사진 순서도를 보며 직접 밀키파우치(지갑대용)를 만드는 모습

PART 3

플라스틱

01 '용기'와 헤어질 용기
02 하늘에 떠다니는 미세플라스틱
03 레고 블록의 친환경 변신
04 세계는 지금 슬로패션
05 의자로 변신한 발리의 쓰레기

'용기'와 헤어질 용기

keyword 찾아보기! 배달, 플라스틱, 분리배출, 다회용

오늘도 배달 앱을 이용했나요? 혹은 배달 앱을 열어 어떤 음식을 주문할지 고민했나요? 음식이 배달되면서 따라올 여러 가지 플라스틱 쓰레기 때문에 멈칫하지는 않았나요?

'우리나라는 진정한 배달의 민족이다.'라는 이야기를 들어본 적이 있을 거예요. 미국의 뉴스 채널 CNN에서는 '서울이 세계에서 가장 멋진 도시인 50가지 이유'에 배달 문화를 포함시켰다고 해요. 주문만 하면 어디든 음식이 배달되는 한국의 독특한 문화를 장점으로 본 것 같습니다.

하지만 너무도 편리한 이점을 가진 배달 음식은 환경에 큰 문제를 남기고 있다는 사실, 알고 있나요? 한 가지 메뉴만 주문해도 딸려 오는 크고 작은 플라스틱 용기 때문인데요, 플라스틱 용기를 깨끗하게 씻어 분리배출하고는 있지만 점점 쌓여가는 쓰레기들은 지구를 위협하고 있습니다.

환경 문제의 심각성을 인식한 우리나라의 배달 플랫폼 업계는 일회용 플라스틱 사용량을 10% 이상 줄이자는 목표를 세웠어요. 업체마다 다회용 배달 용기 혹은 경량화 용기 사용을 선택하고, 불필요한 반찬·일회용 수저를 선택하지 않도록 기본값을 설정하는 등 일회용 플라스틱 사용을 줄이기 위해 노력하고 있다고 합니다.

다소 불편한 부분이 있더라도 일회용 플라스틱 사용을 줄여 나가는 용기가 필요한 시대입니다. 여러분은 플라스틱 용기와 헤어질 용기를 가지고 있나요?

우리나라 배달 문화의 역사를 알아볼까요?

조선 후기 **실학자** 황윤석의 『이재난고』에 '과거시험을 본 다음 날 점심에 일행과 함께 냉면을 시켜 먹었다.'는 기록이 남아 있어요. 이 기록을 통해 알 수 있듯 우리나라 배달의 역사는 조선 시대 또는 그 이전부터 시작됩니다. 일제 강점기에는 잡지『만세보』에 음식 배달 광고가 실리기도 할 정도로 배달이 **일반화**되었다고 해요. 우리나라가 급속한 경제성장을 맞이한 1970년대에는 전국에 포장 도로가 깔리면서 배달 음식문화가 더욱 확산되었답니다. 이후 스마트폰과 인터넷 기술이 빠르게 발전하면서 배달 서비스는 더욱 편리해지고 빨라졌죠. 우리나라의 배달 문화가 앞으로는 환경도 고려하며 발전하게 될지 기대가 됩니다.

업계: 같은 일에 종사하는 사람들의 활동 분야
다회용: 여러 번 사용하는 것
경량화: 물건이나 크기 등이 이전보다 줄거나 가벼워짐

불필요: 필요하지 않음
실학자: 조선 중기에 실학사상을 주장한 사람
일반화: 개별적이거나 특수한 것이 두루 걸쳐 일반적인 것이 됨

 빈칸 채우기

(1) 배달 음식 용기 중 플라스틱 용기는 ☐ 해야 한다.

(2) 우리나라의 배달 플랫폼 ☐ 는 일회용 플라스틱 사용량을 10% 줄이자는 목표를 세웠다.

(3) 일제 강점기에는 잡지에 음식 배달 광고가 실릴만큼 배달이 ☐ 되었다.

1 플라스틱 그림 일기, 나도 써 볼래요!

Q 여러분은 오늘 하루 어떤 플라스틱을 사용했나요? 플라스틱 일기를 쓰면서 일상생활 속에서 무심코 사용했던 수많은 플라스틱을 떠올려 보세요.

A

| 월 | 일 | 요일 | 날씨 |

제목:

2 O / X 퀴즈

Q 다음 문장을 읽고 맞으면 O, 틀리면 X에 표시해 보세요.

(1) CNN에서는 우리나라의 배달 문화를 단점으로 보았다. [O] [X]

(2) 배달 음식이 환경에 남기는 큰 문제는 플라스틱 쓰레기가 많이 배출된다는 것이다. [O] [X]

(3) 1970년대에 우리나라의 경제가 급속도로 발전하면서 배달 문화가 더욱 확산되었다. [O] [X]

3 생각 펼치기: 배달 앱 체크 리스트 만들기

Q 불필요한 플라스틱을 줄이기 위한 배달 앱 체크 리스트를 만들어 보세요. 또한, 이 체크 리스트를 사람들이 사용한다면, 배달로 인한 플라스틱 쓰레기가 줄어들 수 있을지 나의 생각을 써 보세요.

1	예시 음식을 다회용 용기에 담아 주세요.	☐
2		☐
3		☐
4		☐

A 배달 앱 체크 리스트를 만든다면, 배달로 인한 플라스틱 쓰레기가 _____ 것 같아요. 그 이유는 _____

_____ 때문이에요.

하늘에 떠다니는 미세플라스틱

keyword 찾아보기! 미세플라스틱, 공기, 폐기, 입자, 호흡기 질환

사람들은 답답한 마음을 달래기 위해 가끔 하늘을 향해 두 팔 벌리고 크게 숨을 들이 마시는데요, 이제는 이런 행동도 조심해야 하는 시대가 되었습니다. 그 이유는 바로 하늘에 둥둥 떠다니는 미세플라스틱 때문이에요.

바닷속 미세플라스틱 이야기는 들어본 적이 있을 거예요. 그런데 하늘에 미세플라스틱이 떠다닌다니, 이는 숨만 쉬어도 미세플라스틱을 마시게 될 수 있다는 의미입니다. 2019년 북극, 2022년 남극에 내린 눈에서 미세플라스틱이 발견되었어요. 그리고 2024년 국내의 연구진은 코 수술을 받은 환자 10명의 샘플을 분석한 결과, 사람의 콧속 조직에서 총 390개의 미세플라스틱을 발견했다고 발표했어요. 남극·북극과 같이 먼 지역뿐만 아니라 우리나라 공기 중에서도 미세플라스틱이 검출되었다니 충격이 아닐 수가 없습니다.

이러한 현상은 우리가 일상생활 속에서 무심코 사용한 수많은 플라스틱으로 인해 나타난 결과라고 할 수 있어요. 우리가 사용하고 버린 플라스틱이 쓰레기장에서 수거되고 폐기되는 과정에서 플라스틱 입자들이 작게 부서지는데, 이때 생겨난 미세플라스틱이 사라지지 않고 대기에 떠다니는 것이죠. 더 큰 문제는 공기 중의 미세플라스틱은 호흡기 질환을 가지고 올 수도 있다는 거예요.

쓸 때는 편리하지만, 막상 사용하고 나서는 죄책감만 주는 플라스틱! 우리 모두의 미래를 위해 플라스틱 사용을 줄이려는 노력이 필요하겠죠?

더 알아보기
미세플라스틱이란 무엇일까요?

요즘 공익 광고를 통해서 '미세플라스틱'이라는 말을 많이 들어 봤을텐데요, 미세플라스틱이란 무엇일까요? 미세플라스틱은 길이나 지름이 5mm 이하인 고체형 플라스틱 입자로, 지구상에 존재하면서 환경을 오염시키는 아주 작은 플라스틱을 의미해요. 이는 바다에 버려진 플라스틱이 파도와 바람을 만나 오랜 시간에 걸쳐 작게 깨지는 과정을 거치면서 만들어집니다. 옷 세탁 과정에서 합성섬유가 분리되면서 발생한 미세플라스틱은 배수구를 통해 하천으로 유입되기도 하죠. 인간이 만들어낸 미세플라스틱은 해양 동물의 먹이가 되어 이들의 몸에 차곡차곡 쌓이고, 해양 동물을 먹는 인간에게 다시 전달되는 악순환으로 나타나게 됩니다.

미세: 분간하기 어려울 정도로 아주 작음
검출: 검사하여 찾아냄
입자: 물질을 구성하는 작은 크기의 물체
공익 광고: 공공의 이익을 목적으로 하는 기업 또는 단체의 광고
배수구: 물이 빠져나가는 곳
해양: 넓고 큰 바다

문해력 쑥쑥 빈칸 채우기

(1) 북극과 남극에 내린 눈에서 ☐ 플라스틱이 발견되었다.

(2) 플라스틱을 ☐ 하는 과정에서 작게 부서진 ☐ 들이 대기에 떠다녀 호흡기 질환을 가지고 올 수 있다.

(3) 우리나라 공기 중에도 미세플라스틱이 ☐ 되었다.

1 내가 만드는 그림 단어 카드

 기사에서 다룬 핵심 단어인 미세플라스틱과 관련된 단어를 떠올려 보세요. 그 단어를 나타내는 그림을 아래의 칸에 그리고, 이름과 뜻을 써서 나만의 그림 단어 카드를 만들어 보세요.

A

해양	----------
넓고 큰 바다	
----------	----------

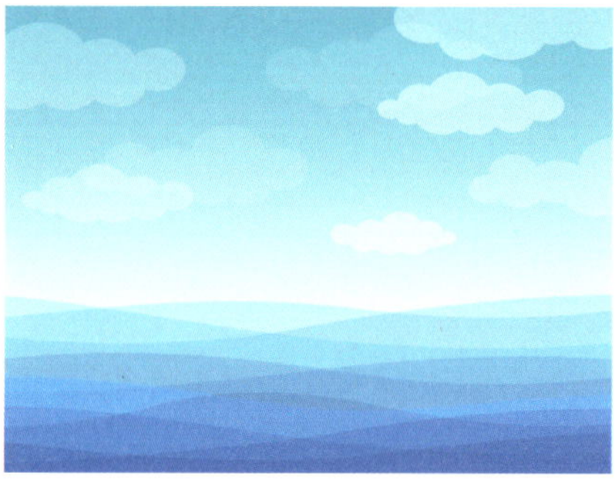

2 가로 세로 퀴즈

Q 가로 세로 퀴즈를 풀고 빈칸을 채워 보세요.

가로 퀴즈	세로 퀴즈
1 분간하기 어려울 정도로 아주 작음	4 다른 생물체에 붙어 생활하여 병을 일으키거나 발효나 부패 작용을 하는 생물체
2 검사하여 찾아냄	5 안에서 밖으로 밀어 내보냄
3 물이 빠져나가는 곳	6 태양에서 세 번째로 가까운 행성으로 사람이 사는 천체

3 생각 펼치기: 플라스틱이 주는 영향 생각해 보기

Q 여러분이 자주 사용하는 물건 중 플라스틱으로 만들어진 물건은 어떤 것이 있나요? 내가 사용한 플라스틱을 버린다면, 환경에 어떤 영향을 주게 될지 써 보세요.

A 제가 주로 사용하는 플라스틱 물건은 _____이에요/예요.

만약 이 물건이 다 사용되고서 버려진다면, 환경에 _____

_____ 영향을 줄 것 같아요.

플라스틱 73

레고 블록의 친환경 변신

 keyword 찾아보기! 친환경, 탄소 배출, 바이오 플라스틱

2023년 9월, 세계 최대 장난감 회사 '레고(LEGO)'가 페트병을 재활용해 '친환경 장난감 블록'을 만들겠다는 야심찬 계획을 세웠다가 중단한 적이 있습니다. 그 이유는 친환경 장난감 블록을 생산하는 과정에서 오히려 더 많은 에너지가 필요하고, 탄소 배출도 늘어나는 아이러니한 상황이 발생했기 때문입니다. 하지만 레고의 최고경영자 닐스 크리스티안센(Nils Christiansen)은 다시금 친환경 블록을 만들겠다고 선언했습니다. 자세한 이야기는 인터뷰로 만나 보시죠.

기자 반갑습니다. 기존의 레고는 플라스틱으로 만들어져 환경을 보호하지 않는다는 지적을 받았죠?

닐스 크리스티안센 맞습니다. 기존의 레고 블록은 쉽게 가공하면서도 내구성을 갖추기 위해 80% 정도 석유화학 소재의 플라스틱으로 만들어졌습니다. 하지만 생산 과정에서 많은 양의 탄소가 배출되고 있었다는 점을 문제라고 인식을 하게 되었죠.

기자 친환경 블록을 만들겠다는 계획을 다시 시도하게 된 이유는 무엇인가요? 더 획기적인 방법이 개발된 것일까요?

닐스 크리스티안센 지속가능한 방식으로 제품을 만들기 위해 탄소 배출을 줄일 수 있는 소재인 바이오 플라스틱을 사용하기로 결정했습니다. 친환경 블록을 생산하는 과정에서 약 70% 이상의 비용이 더 들겠지만, 레고 가격을 올리지는 않을 계획입니다.

레고는 2032년까지 모든 제품을 '친환경 플라스틱'으로 교체하겠다는 계획을 발표했습니다. 환경을 위한 소재로 지속가능한 발전을 꿈꾸는 레고의 발걸음을 응원합니다.

더 알아보기
세계 최초의 플라스틱을 알아볼까요?

플라스틱은 다양한 모양으로 변형이 가능하고 다채로운 색깔과 디자인으로 만들어져 많은 사람들에게 사랑받고 있어요. 그렇다면, 세계 최초의 플라스틱은 무엇일까요? 바로 당구공입니다. 원래 당구공은 코끼리의 뿔인 상아로 만들어졌는데, 코끼리 **밀렵**을 막고자 상아를 대신할 수 있는 소재를 개발하면서 플라스틱이 발명되었어요. 과거에는 자연을 보호하기 위해 플라스틱이 발명되었지만, 이제는 무분별한 플라스틱으로 인한 쓰레기와 온실가스 문제로 플라스틱 사용을 줄여야 한다는 목소리가 높아지고 있는 씁쓸한 현실이에요.

 **어휘쏙쏙**

아이러니: 원래의 뜻과 반대의 의미로 단어를 사용하는 것
내구성: 물질이 원래 상태에서 변하지 않고 오래 견디는 성질

소재: 어떤 것을 만드는 데 기초나 근본이 되는 재료
바이오 플라스틱: 재생 가능한 원재료로 만들어지는 플라스틱
밀렵: 허가를 받지 않고 사냥을 함

 빈칸 채우기

(1) 장난감 회사 레고는 ☐ 장난감 블록을 만들겠다고 선언했다.

(2) 레고는 탄소 배출을 줄이기 위해 ☐ 을 사용하기로 했다.

(3) 코끼리 ☐ 을 막기 위해 플라스틱을 발명했다.

1 기자와 인터뷰하기

Q 신문 기사를 읽은 학생과 인터뷰하는 기자가 하는 질문에 답해 보세요.

A

석유 화학 소재의 플라스틱으로 만든 레고 블록의 장점과 단점은 무엇인가요?

장점은 (1) ＿＿＿＿＿＿＿＿＿이고, 단점은 (2) ＿＿＿＿＿＿＿＿＿＿＿＿＿＿＿＿＿＿이에요.

왜 레고는 비용이 더 들어가는데도 친환경 장난감 블록을 만들겠다는 계획을 다시 시도한 것일까요?

왜냐하면 (3) ＿＿＿＿＿＿＿＿＿과 같은 지속가능한 소재를 사용하면 (4) ＿＿＿＿＿＿＿＿＿＿＿을 할 수 있기 때문이에요.

2 숨은 단어를 찾아라!

Q 주제와 관련된 단어들을 찾아 보세요.

주제 플라스틱

탄	기	상	온	실	가	스
관	소	수	내	사	요	주
산	개	배	래	구	고	백
림	측	제	출	이	성	규

3 생각 펼치기: 소감 일기 쓰기

Q 기사를 읽고 알게 된 점이나 느낀 점을 소감 일기로 써 보세요.

A

> 힌트 레고 또는 플라스틱 장난감을 가지고 놀아본 경험이 있는지 생각해 보세요.
>
> ....
> ....
> ....
> ....

세계는 지금 슬로패션

 keyword 찾아보기! 패스트패션, 미세플라스틱, 지속가능, 슬로패션

여러분은 싼값에 혹해서 한창 유행하는 옷을 구매했는데 얼마 지나지 않아 싫증이 나버린 적이 있나요? 헌 옷 수거함에 옷을 버리려 했는데 이미 다른 사람들이 버린 옷들로 수거함이 가득 찬 적은 없었나요?

'패스트패션(Fast Fashion)'은 별다른 조리 없이 빠르고 간편하게 끼니를 때울 수 있는 패스트푸드처럼 유행에 따라 빠르게 디자인을 바꿔 저렴한 가격으로 승부를 보는 패션 사업을 말해요. '유니클로', '자라', 'H&M' 등 패스트패션을 대표하는 브랜드에서는 1년에 최소 12번에서 최고 52번이나 대량으로 생산한 신상품을 내놓는다고 해요.

내놓은 옷들은 과연 다 팔릴까요? 사실 팔리지 않고 남는 옷들도 많다고 해요. 이렇게 남는 옷들과 소비자가 구매하고 나서 폐기한 옷들은 아프리카나 동남아시아의 가난한 나라로 수출됩니다. 수출된 옷들이 그 나라에서도 소비되지 않고 버려지면, 버려진 옷들이 쌓여 언덕을 만들기도 하고, 강으로 떠밀려 오기도 해요.

중요한 점은 이렇게 버려지는 옷에서 자연 분해가 되지 않는 미세플라스틱이 나와 환경오염을 일으킨다는 것이죠. 하지만 패스트패션을 선도하는 패션 회사에서는 그 어떤 책임도 지지 않는다는 사실에 화가 나기도 합니다.

유행에 따라 빠르게 소비되고 쉽게 버려지는 패스트패션보다는 지속가능한 '슬로패션(Slow Fashion)'을 선택할 때입니다.

더 알아보기
헌 옷 수거함의 옷은 어디로 갈까?

녹색 고철로 된 헌 옷 수거함에 옷을 버려본 경험이 있나요? 이곳에 차곡차곡 쌓인 헌 옷들은 다 어디로 가는 것일까요? 우리나라에서 수거된 옷들 중 겨우 1%만 헌 옷 상점에서 되팔리고 있고, 그 외에는 다른 나라에 싼 값으로 수출되고 있어요. 하지만 수입한 나라에서도 쓸모가 없어진 옷은 그 나라에 버려지게 됩니다. 다른 나라의 환경을 망치는 데에 우리가 한 몫을 하고 있다는 쓸쓸한 사실이죠. 내가 쉽게 버린 옷이 다른 나라에서 어떤 모습으로 버려져 있을지 상상해 본 적이 있나요?

저렴한: 그 값이 보통의 수준보다 쌈
승부: 이김과 짐
수출: 자기 나라 상품을 다른 나라에 팔아 내보냄
분해: 여러 부분이 합쳐져서 이루어진 것을 쪼갬

선도: 앞장서서 이끌거나 안내함
슬로패션: 유행을 따르지 않고, 친환경적으로 옷의 생산 및 소비 속도를 늦추는 패션 경향
수입: 다른 나라의 물품을 사들임

(1) 패스트패션은 유행에 따른 디자인과 (저렴한 / 비싼) 가격으로 승부를 보는 패션 사업을 말한다.

(2) 대량 생산한 옷이 팔리지 않으면, 그 옷은 아프리카나 동남아시아의 가난한 나라로 (수출 / 수입)된다.

(3) 버려진 옷들은 자연 (분해 / 융합)가 되지 않아 환경 오염을 일으킨다.

1 선 긋기 퀴즈

Q 설명에 해당하는 단어에 선을 그어 보세요.

(1) 이김과 짐 • • 간편하다

(2) 앞장서서 이끌거나 안내함 • • 선도

(3) 간단하고 편리함 • • 승부

2 한자와 함께 단어 익히기

Q '수입(輸入)'이라는 단어의 뜻을 통해 '들어오다'라는 뜻을 가진 '입(入)'이 들어 있는 단어를 〈보기〉에서 찾아 보세요.

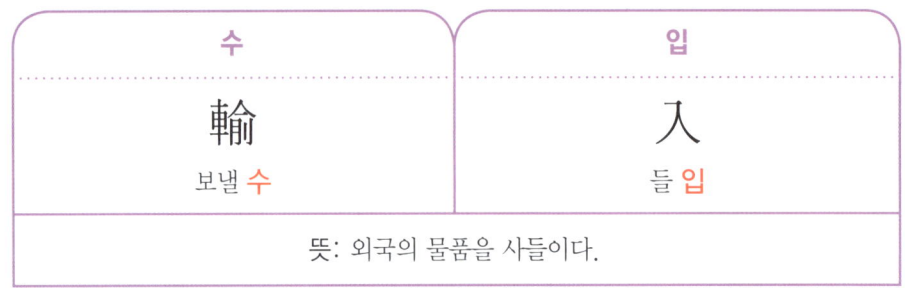

보기

| 입학 | 입김 | 입맛 | 맨입 |
| 입체 | 입국 | 출입구 | 입술 |

3 생각 펼치기: 환경 보호를 위해 주장하는 글쓰기

Q 환경을 보호하기 위해 앞으로 옷을 구입하거나 입을 때 어떻게 해야 할지 주장하는 글을 써 보세요.

A

 주장하는 글쓰기, 이렇게 하면 좋아요!

🖉 환경 보호를 위한 나의 주장을 먼저 생각해 보세요.

🖉 주장을 뒷받침할 만한 이유를 생각해 보세요.

🖉 그렇게 하면 좋은 점을 생각해 보세요.

의자로 변신한 발리의 쓰레기

 keyword 찾아보기! 발리, 쓰레기, 재활용, 숭아이 워치, 업사이클링

여러분, '발리' 하면 무엇이 떠오르나요? 즐비하게 늘어서 있는 아름드리 코코넛 나무와 에메랄드 빛의 맑은 바다가 떠오르지 않나요? 그런데 지금의 발리에서는 이러한 아름다운 풍경이 점점 사라지고 있다고 합니다.

▲ 쓰레기로 덮인 발리 해변
[출처: 숭아이 워치 홈페이지]

그 이유는 발리로 여행 온 수많은 여행객들과 현지인들이 바다와 강에 쓰레기를 투척했기 때문이라고 해요. 발리는 쓰레기 처리 시설을 충분히 갖추고 있지 않은 데다가 관광지라는 특성 때문에 분리배출이 잘 이루어지지 않아 바다에 쓰레기가 쌓인 것이죠.

발리가 아름답고 깨끗했던 과거의 모습을 되찾기를 바란 게리(Gary) 세 남매는 환경단체인 '숭아이 워치(Sungai Watch)'를 설립했어요. 숭아이 워치는 강과 바다에 들어가 수작업으로 일일이 쓰레기를 수거하고, 자매 회사인 '숭아이 디자인(Sungai Design)'에서 수거한 쓰레기 중 비닐봉지를 재활용해 의자를 만드는 데 성공했답니다. 이 의자의 이름은 '옴백(Ombak)'으로 인도네시아어로 '파도'를 의미해요. 플라스틱 쓰레기가 바다에 떠다니지 않는 깨끗한 파도를 보고 싶은 마음을 이름에 담았다고 합니다.

최근 페트병이나 일회용 비닐봉지를 활용한 벽돌, 의자 등 친환경 업사이클링 제품이 많이 출시되고 있어요. 갈 곳 없는 쓰레기를 다시 쓸모 있게 만드는 일이 바로 지속가능한 자원 순환입니다. 하지만 그보다 더 중요한 것은 덜 생산하고 덜 소비하는 일이 아닐까요?

더 알아보기
WHO? 바다 청소부 보얀슬랫

네덜란드 청년 보얀슬랫(Boyan Slat)은 그리스 바다에서 잠수를 하던 중 엄청난 양의 쓰레기가 떠 있는 것을 보고 큰 충격을 받았어요. 이후 그는 해류를 이용해 쓰레기를 한 곳에 모아 수거하는 아이디어를 냈고, 많은 과학자들과 기업들이 그를 돕기 시작하면서 '오션클린업(The Ocean Cleanup)'이라는 비영리단체가 만들어지게 되었어요. 오션클린업은 현재까지 태평양 거대 쓰레기 지대(Great Pacific Garbage Patch)에서 약 450t에 달하는 쓰레기를 수거했다고 해요. 이들의 최종 목표는 2040년까지 바다에 떠다니는 플라스틱 오염물질의 90%를 정화하는 것이라고 합니다.

즐비하다: 어떤 장소에 무엇인가가 많이 널려 있음
아름드리: 둘레 길이가 한 아름이 넘음
투척: 물건 따위를 던짐

설립: 기관이나 조직을 새로 만들어 세움
수거: 거두어 가져감
해류: 일정한 방향과 속도로 움직이는 바닷물의 흐름

 옳은 단어 고르기

(1) 발리는 쓰레기 처리 시설이 (충분 / 부족)하고 분리수거가 잘 이루어지지 않아 바다에 쓰레기가 쌓였다.

(2) 숭아이 디자인은 비닐봉지를 재활용해 의자를 만드는 것에 (성공했다 / 실패했다).

(3) 보얀슬랫은 (해류 / 태양열)을/를 이용해 쓰레기를 수거하는 아이디어를 냈다.

1 친환경 업사이클링 제품 구상하기

Q 내가 환경 운동가라면, 쓰레기를 재활용해 어떤 친환경 업사이클링 제품을 만들고 싶은지 글과 그림으로 표현해 보세요.

A

(1) 제품 이름

(2) 제품 설명

2 사다리 타기 퀴즈

Q 사다리를 타고 내려 간 곳에 알맞은 답을 써 보세요.

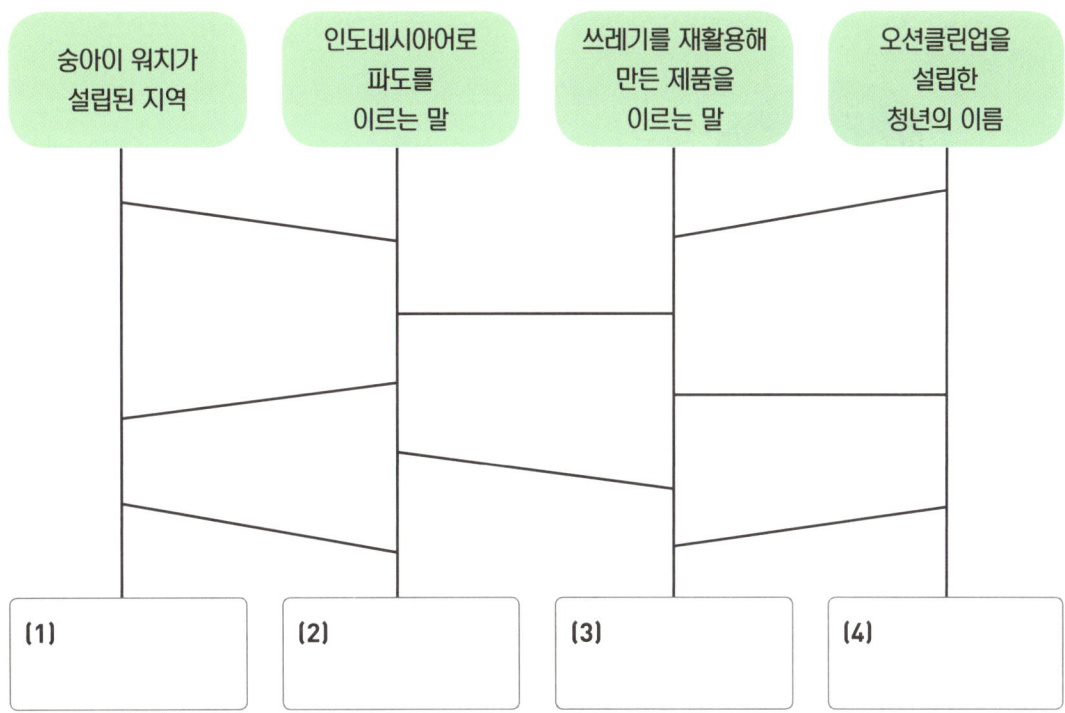

3 생각 펼치기: 우리나라 강·바다의 환경은?

Q 가족들과 강이나 바다에 놀러 갔다가 쓰레기를 마주한 경험이 있는지 생각해 보고, 이와 관련된 나의 다짐을 써 보세요.

A 저는 가족들과 놀러 간 강이나 바다에서 쓰레기를 본 적이 (있어요 / 없어요). 이때 저는 _____ 생각이 들었고, 강이나 바다의 쓰레기 문제에 대해 _____ 다짐을 하게 되었어요.

1 미디어 리터러시: 플라스틱을 먹고 있는 우리

 우리는 플라스틱을 먹고 있어요!

우리는 매년 플라스틱 신용카드 50장을 먹고 있었다는 사실 알고 있나요? 실제로 신용카드를 먹은 것은 아니지만, 바닷속에 퍼져 있는 미세플라스틱을 먹고 자란 해양 생물들을 우리가 섭취하게 되므로 결국 우리 몸 속에 미세플라스틱이 차곡차곡 쌓이게 되는 것이죠. 플라스틱 사용으로 인한 환경 오염이 해양 생물과 인간 모두의 생존을 위협한다는 사실을 명심해야겠습니다.

뉴스 바로가기! ▶

초성으로 미디어 내용 이해하기

(1) 전 세계 모든 사람들은 ㅅ ㅇ ㅋ ㄷ 약 한 장 분량의 ㅍ ㄹ ㅅ ㅌ 을 매주 먹고 있다.

(2) 미세플라스틱은 ㅁ ㄹ ㅇ 만큼이나 작은 플라스틱이다.

(3) ㅅ ㅌ ㄱ 를 죽음으로 몰아가는 플라스틱 환경 문제는 정말 심각하다.

단원마무리

2 책으로 만나는 미세플라스틱 이야기

 편리하다고 막 썼다간 앞으로의 편안한 삶을 위협할지도 모르는 미세플라스틱에 대해 조금 더 알아볼까요?

플라스틱과 우리들의 일상에 대한 이야기를 다룬 책이에요. 우리는 플라스틱으로 만들어진 장난감을 가지고 놀다 지겨워지면 휙~! 하고 던져 버리죠? 버려진 플라스틱은 어떤 여행을 하게 될까요? 쌓이고 쌓이다 이제는 우리 몸 속까지 침입해 온 플라스틱의 이야기가 궁금하지 않나요?

〈미세미세한 맛 플라수프 / 김지형 글·그림 / 조은수 글 / 두마리토끼책〉

플라스틱 이야기를 흥미진진한 실험 대결 만화로 다룬 책이에요. 플라스틱 쓰레기의 소각과 매립에 대한 이야기가 궁금하다고요? 생태계를 위협하는 미세플라스틱의 정체를 알고 싶다고요? 박진감 넘치는 실험으로 미세플라스틱과 환경 오염에 대한 이야기를 만나 보세요!

〈내일은 실험왕 시즌2 5 - 미세플라스틱과 환경 오염 / 스토리a 글 / 홍종현 그림 / 미래엔아이세움〉

플라스틱 87

3 플라스틱을 재활용한 예술 작품

 버려지는 플라스틱 쓰레기를 활용해 예술을 할 수 있다고?

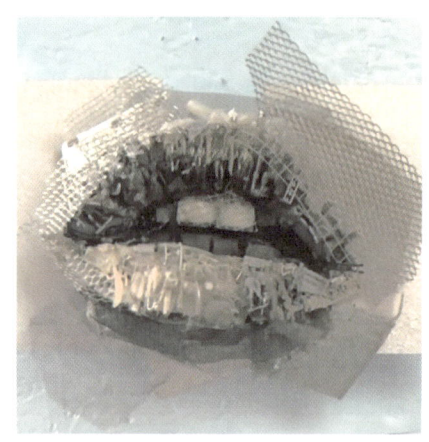

[출처: 톰 데이닝어(Tom Deininger) 인스타그램]

미국 작가 톰 데이닝어(Tom Deininger)는 쓰레기로 작품을 만드는 예술가이자 환경운동가예요. 버려진 담배꽁초나 레고, 플라스틱을 이용해 대형 디지털 인쇄물이나 조형물, 비디오 설치물을 만들죠. 그는 어린 시절 강에서 수영하는 것을 즐겼는데 강이 오염되어 수영을 할 수 없게 되자 환경 문제의 심각성을 깨닫고 이를 알리는 일을 하고자 결심했다고 해요. 톰 데이닝어가 쓰레기를 재해석해 예술 작품으로 탄생시키는 활동은 플라스틱 쓰레기로 환경 문제가 심각해짐은 물론 넘쳐나는 플라스틱에 대한 경각심을 알려주기 위함이라고 해요.

▲ 창원의 한 초등학교 학생 친구들이 플라스틱 쓰레기로 만든 바다의 고래와 알바트로스

단원마무리

4 '용기내 챌린지' 참여해 보기

 용기내서 음식을 포장해 볼까요?

▲ 용기내 챌린지 입간판

▲ 다회용 용기에 포장한 꽈배기

▲ 다회용 용기에 포장한 아이스크림

▲ 다회용 용기에 포장한 커피

'용기내 챌린지'에 대해 들어본 적이 있나요? 용기내 챌린지는 음식 포장으로 발생하는 불필요한 쓰레기를 줄이자는 취지에서 천 주머니, 에코백, 다회용기 등에 식재료나 음식을 포장하는 운동이에요. 이 운동을 통해 포장 용도로 낭비되는 비닐, 플라스틱 등의 쓰레기를 크게 줄일 수 있어 지구환경을 생각하는 많은 사람들이 실천하고 있습니다. 오늘 마트나 시장에 갈 계획이 있다면 당당하게 나의 용기를 챙겨 가 보는 것은 어떨까요?

PART 4

생물 다양성

01 돌고래는 어디에서 살면 좋을까?
02 그 많던 새들은 어디로 갔을까?
03 계란 살 때 뭐 보세요?
04 사라지지 말고 함께 살아요, 산호초
05 야생동물을 위한 30 도로

돌고래는 어디에서 살면 좋을까?

🔑 **keyword 찾아보기!**   돌고래, 수족관, 서식지, 스트레스, 자유

인간과 비슷한 지능을 지닌 포유류에는 어떤 것이 있는지 알고 있나요? 원숭이, 코끼리, 돌고래 등이 있는데요, 실제로 돌고래는 IQ가 80 정도여서 인간으로 치면 어린 아이 4살 정도의 지능을 가지고 있고, 훈련을 받으면 더 똑똑해질 수 있다고 해요. 이처럼 영리한 동물인 돌고래가 좁은 수족관에 갇혀 인간의 즐거움을 위한 전시 상품이 되고 있다고 하니, 이게 어떻게 된 일일까요?

경남의 한 돌고래 체험센터에서 돌고래가 태어난 후 열흘 만에 세상을 떠났다고 해요. 원래 돌고래가 살아가는 서식지와 다른 환경이어서 그런 것일까요? 돌고래는 가족과 함께 이동 생활을 하는 동물이에요. 넓은 바다에서 하루에 수십 km를 헤엄치며 먹이를 찾아 다니죠. 하지만 수족관같이 좁은 곳에 갇혀 살거나 아파도 쉬지 못한 채 돌고래쇼에 동원되면 극심한 스트레스에 시달리다가 질병으로 빨리 죽기도 합니다.

돌고래는 어디에서 살면 좋을까요? 조금 더 가까이에서 돌고래를 보기 위해 수족관을 짓고 돌고래를 가둬 두는 것이 바람직한 일일까요? 돌고래의 건강과 자유를 지켜주기 위해서는 어떻게 하는 것이 좋을까요? 돌고래의 진정한 행복에 대해 한 번쯤은 생각해 보면 좋겠어요.

더 알아보기

돌고래의 수명은 어느 정도일까요?

바다에서 자유롭게 헤엄치며 무리지어 다니는 돌고래를 본 적이 있나요? 가족으로 구성된 돌고래 무리는 어린 새끼를 함께 키우기도 하고, 아픈 돌고래가 있으면 숨을 쉬는 것을 도와주기 위해 물 위로 올려 주는 행동을 하기도 해요. 이렇듯 자유로이 동료들과 교감하며 야생에서 사는 돌고래의 수명은 평균 40년이지만 수족관에서 살고 있는 돌고래는 10년 정도밖에 살지 못합니다. 이를 통해 돌고래가 좁은 곳에 살면서 받는 스트레스가 엄청나다는 것을 알 수 있죠. 사회성이 뛰어난 돌고래가 좁은 수족관에 갇혀 사람들의 구경거리가 되는 것에 반대하는 사람들은 돌고래의 자유를 위한 해방 운동을 하기도 해요. 돌고래를 사랑한다면 우리는 어떻게 하면 좋을까요?

포유류: 척추동물 중 새끼들이 어미의 젖을 먹고 자라는 동물
수족관: 물속에 사는 동물을 관람할 수 있도록 만든 시설
서식지: 동물이 보금자리를 만들어 사는 장소

동원: 어떤 목적을 이루고자 사람을 모으거나 물건, 수단, 방법 등을 집중함
해방: 자기의 뜻대로 자유롭게 행동하지 못하도록 억누르는 것에서 벗어나게 함

 옳은 단어 고르기

(1) 돌고래는 (조류 / 포유류) 중에서 지능이 높은 것으로 알려져 있다.

(2) 돌고래는 좁은 수족관에 갇혀 생활하면서 스트레스를 (받는다 / 받지 않는다).

(3) (수족관 / 야생)에서 사는 돌고래의 수명은 평균 40년이다.

1 선 긋기 퀴즈

Q 설명에 해당하는 단어에 선을 그어 보세요.

(1) 인간 4살 정도의 지능을 가진 동물 •   • 넓은 바다

(2) 돌고래가 전시품이 되어 갇힌 곳 •   • 돌고래

(3) 돌고래의 원래 서식지 •   • 수족관

2 한자와 함께 단어 익히기

Q '수족관(水族館)'이라는 단어의 뜻을 통해 '물'이라는 뜻을 가진 '수(水)'가 들어 있는 단어를 〈보기〉에서 찾아 보세요.

수	족	관
水 물 수	族 겨레 족	館 집 관

뜻: 물속에서 사는 생물을 모아 놓아 여러 사람들이 관찰할 수 있도록 한 시설

보기

홍수	수목원	수영	가수
수학	수돗물	수리	수업

3 생각 펼치기: 돌고래의 마음 이해하기

Q 내가 수족관에서 살고 있는 돌고래라면, 사람들에게 어떤 말을 하고 싶은지 써 보세요.

A

안녕? 나는 수족관에서 사는 돌고래야!

그 많던 새들은 어디로 갔을까?

 keyword 찾아보기! 조류, 유리창, 충돌, 공존

오른쪽에 있는 사진은 캐나다 다큐멘터리 작가 패트리샤 호모닐로(Patricia Seaton Homonylo)가 2024년에 찍은 '세계가 충돌할 때'라는 이름의 작품으로, '올해의 조류 사진가상' 대상을 받았어요. 사진 속 원은 도형 같아 보이지만, 사실 1년 동안 투명 유리창에 충돌해 사망한 새 4,000마리를 연결해 나선형으로 배치한 모습이에요. 이렇게 많은 새들이 유리창에 부딪혀 사망하고 있다는 안타까운 사실을 알고 있었나요?

[출처: 영국 국립 자연사박물관]

봄이 왔다는 것을 알려 주는 요란한 새소리를 언제부터인가 잘 들을 수 없게 되었습니다. 그 많던 새들은 어디로 갔을까요? 무분별한 도시 개발로 새들의 서식지가 파괴되었으며, 우리가 살고 있는 공간은 새의 생존을 위협하고 있습니다. 특히, 인간이 만든 투명 유리창은 많은 수의 새들을 죽게 합니다. 눈이 옆에 달린 새들은 유리창과 같은 구조물을 인식하지 못하기 때문이죠. 해외 연구 결과에 따르면 미국은 연간 약 최대 10억만 마리, 캐나다는 연간 2,500만 마리의 야생조류가 유리창에 충돌하고 있다고 합니다. 우리나라에서도 하루에 2만 마리, 1년에 800만 마리의 새가 유리창 충돌로 다치거나 목숨을 잃는다고 해요.

새는 지구라는 집에서 우리와 함께 살아가는 하나의 생명체입니다. 인간은 자연과 더불어 공존해야 합니다. 유리창에 새들이 충돌하는 것을 막기 위해 우리가 할 수 있는 일은 무엇일까요?

더 알아보기
'5×10 규칙'을 알고 있나요?

'5×10 규칙'이란 유리창에 상하 간격 5cm, 좌우 간격 10cm 이내로 문양을 붙여 새들이 유리를 장애물로 인식할 수 있도록 하는 규칙입니다. 새들은 중력을 이기고 날아가기 위해 비행중 평균적으로 시속 32~72km 사이의 아주 빠른 속도를 내기 때문에 유리창에 충돌했을 때의 충격은 클 수밖에 없습니다. 새가 유리창에 충돌할 경우에는 부리와 목이 부러지고 뇌가 손상을 입어 죽는다고 하니 얼마나 안타까운 일인지 몰라요. 야생에서 살아남기가 점점 더 힘들어지는 새들의 안전을 위해 '5×10 규칙'을 지켜 유리창에 조류 충돌 저감 스티커를 붙여 보는 것은 어떨까요?

어휘 쏙쏙

조류(鳥類): 동물 중 새의 종류
나선형: 소라의 껍데기처럼 빙빙 비틀려 돌아간 모양
무분별: 서로 다른 일이나 사물을 구별함이 없음

장애물: 어떤 일에 방해가 되는 물건
중력: 지구의 표면에서 물체를 지구의 중심 방향으로 끌어당기는 힘
저감: 낮추어 줄임

문해력 쏙쏙 빈칸 채우기

(1) 날아가는 새들이 유리창을 ⬜⬜⬜ 로 인식하지 못해 충돌한다.

(2) 새들이 빠른 속도로 날아가는 이유는 ⬜⬜⬜ 을 이기기 위해서이다.

(3) '⬜⬜⬜ 규칙'은 새들과 공존하기 위해 조류 충돌을 줄이려는 노력이다.

1 조류 충돌 저감 스티커 그려 보기

Q 직접 조류 충돌 저감 스티커를 그려 보고, 이를 본 새가 어떤 기분일지 표정을 그리고 글로 써 보세요.

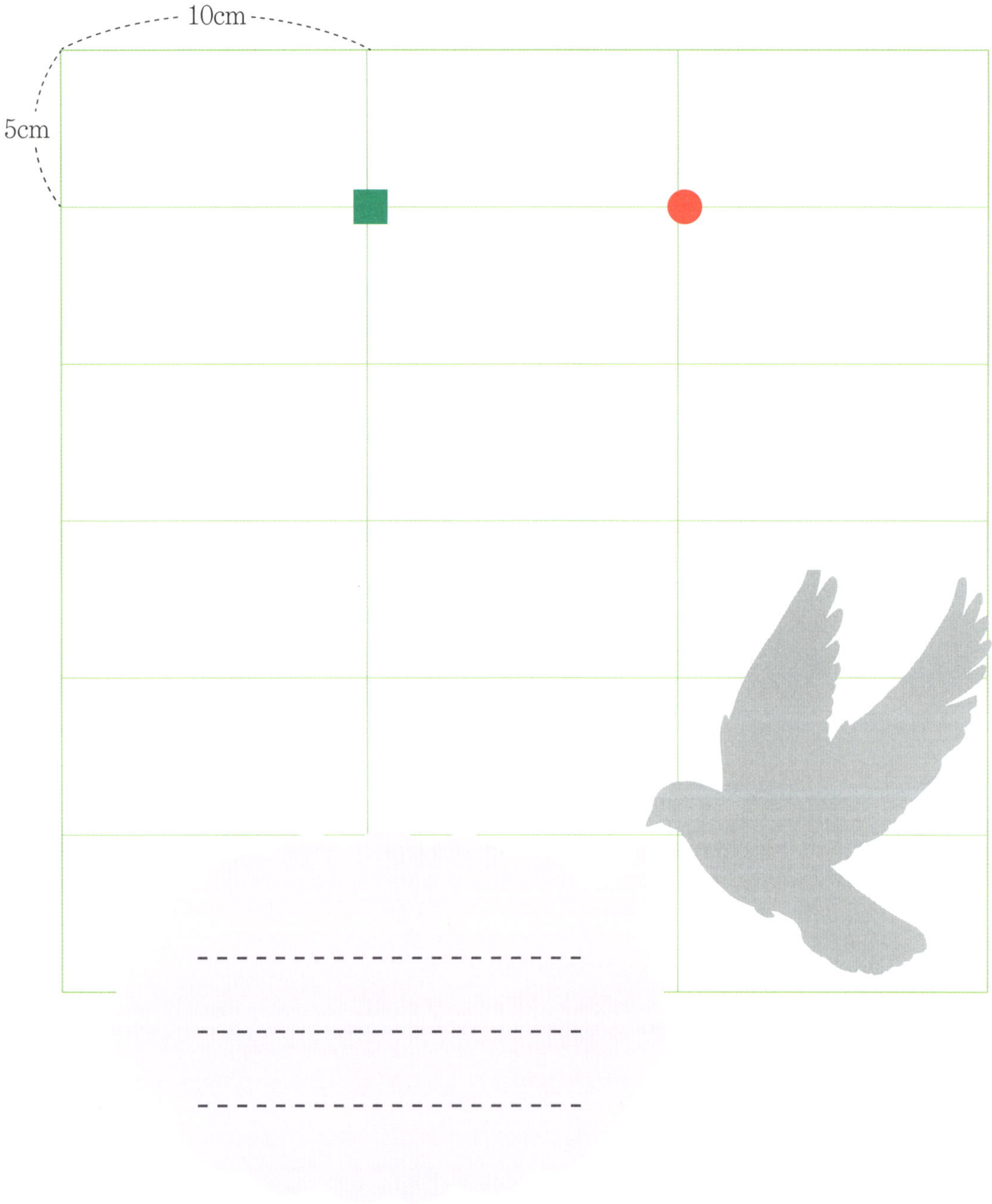

2 O / X 퀴즈

Q 다음 문장을 읽고 맞으면 O, 틀리면 X에 표시해 보세요.

(1) 무분별한 도시 개발로 새들의 서식지가 파괴되어 새들이 위협받고 있다. [O] [X]

(2) 인간이 만든 유리창에 새들이 충돌해서 다치거나 목숨을 잃게 되는 경우가 많다. [O] [X]

(3) 새들이 유리창에 충돌하는 것을 막기 위한 방법은 되도록 아무것도 표시되어 있지 않은 깨끗한 유리창을 유지하는 것이다. [O] [X]

3 생각 펼치기: 새의 입장에서 생각해 보기

Q 내가 도시에서 살고 있는 새라면, 유리창에 충돌해서 다치거나 죽을 위험에 처하지 않기 위해 사람들에게 어떤 말을 하고 싶은지 써 보세요.

A

안녕? 나는 도시에서 살고 있는 새야!

계란 살 때 뭐 보세요?

🔑 keyword 찾아보기! ㅣ 사육, 난각번호, 동물복지

건강하고 맛있는 식품으로 사랑받고 있는 계란! 혹시 계란 표면에 새겨진 번호를 본 적이 있나요? 10자리로 구성된 이 번호는 산란 일자, 생산자 고유 번호, 닭을 사육하는 환경을 표시하는 난각번호예요. 동물복지를 생각한다면, 난각번호의 마지막 숫자를 눈여겨볼 필요가 있어요.

난각번호 10번째에 자리하는 사육 환경 번호는 1~4까지의 숫자로 구성됩니다. 이 번호를 통해 닭이 어떤 환경에서 사육되었는지 확인할 수 있어요. 4번 계란은 닭 1마리당 A4용지 1장 정도의 아주 좁은 공간에서 기른 닭이 낳은 달걀이며, 이런 좁은 공간을 '배터리 케이지(battery cage)'라고도 해요. 3번 계란은 배터리 케이지보다는 조금 개선되었지만, 여전히 닭이 뛰어놀 수 없는 좁은 공간에서 기른 닭이 낳았어요. 2번 계란부터는 동물복지라는 단어를 사용할 수 있어요. 다만, 2번 계란을 낳는 닭이 길러지는 공간이 우리가 상상하는 드넓은 초원의 모습은 아니에요. 1번 계란은 자유롭게 돌아다니면서 자기가 원하는 곳에서 알을 낳고 뛰어놀 수도 있는 공간에서 기른 닭이 낳았어요.

난각번호에 대한 이야기를 읽으면서 여러분은 어떤 번호가 새겨진 계란을 사고 싶은지 생각했나요? 다행인 소식은 2025년 9월부터 닭 1마리당 사육할 수 있는 공간이 늘어나면서 4번 계란은 사라질 예정이라고 합니다. 조금 비싸더라도 동물복지 계란을 사는 것이 닭의 행복을 위한 일임은 확실해 보입니다.

더 알아보기

배터리 케이지가 뭐예요?

삼삼오오 모여 풀밭에서 뛰어노는 닭의 모습을 본 적이 있나요? 닭은 적을 피하거나 잠을 자기 위해 횃대로 날아 오르고, 숲에서 풀잎을 뜯어 먹거나 흙을 파서 곤충을 찾아 먹는 습성을 가지고 있어요. 하지만 계란이나 닭고기를 찾는 사람들이 늘어나면서 적은 돈으로 생산량을 더 많이 늘리기 위해 닭을 비좁은 공간에서 사육하게 된 것이죠. 이러한 사육 환경이 마치 전쟁에서 대포를 일렬로 배열한 모습(포열)과 같아 보인다고 해서, 포열을 뜻하는 '배터리(battery)'라는 단어와 새장, 우리를 뜻하는 '케이지(cage)'라는 단어가 만나 '배터리 케이지'라는 단어가 만들어지게 된 것입니다.

표면: 사물의 바깥쪽
사육: 짐승을 먹여 기름
동물복지: 동물이 배고픔이나 질병 등에 시달리지 않고 행복한 상태에서 살아갈 수 있도록 만든 정책이나 시설
개선: 좋게 고침
횃대: 긴 장대를 잘라 두 끝에 끈을 매어 벽에 달아 놓는 막대
습성: 버릇이 되어 버린 성질
배열: 일정한 차례나 간격으로 벌여 놓음

 옳은 단어 고르기

(1) 난각번호 10번째 자리에는 닭의 (산란 일자 / **사육 환경**)에 따른 1~4까지의 숫자가 표시되어 있다.

(2) 난각번호를 보고 (**1번** / 4번) 계란을 구입하는 사람은 동물복지를 생각하는 소비자이다.

(3) 닭을 사육하기에 매우 좁은 공간을 뜻하는 '배터리 케이지'라는 단어는 전쟁에서 대포를 (**일렬로** / 엇갈리게) 배열한 모습에 빗대어 생겨났다.

1 동물복지를 위한 포스터 그려 보기

Q 동물복지를 위해 계란의 난각번호를 잘 보고 구입할 수 있도록 홍보하는 포스터를 만들어 보세요.

A

힌트 자유롭게 다니며 뛰어노는 닭을 그리고 문구도 써 보세요.

2 O / X 퀴즈

Q 다음 문장을 읽고 맞으면 O, 틀리면 X에 표시해 보세요.

(1) 계란 표면에는 5자리로 구성된 난각번호가 새겨져 있다.   O X

(2) 4번 계란은 배터리 케이지에서 길러진 닭이 낳았다.   O X

(3) 닭은 횟대로 날아 오르는 습성이 있다.   O X

3 생각 펼치기: 배터리 케이지 속 닭의 기분은?

Q 내가 배터리 케이지에서 살고 있는 닭이라면, 사람들에게 어떤 말을 하고 싶은지 써 보세요.

A

안녕? 나는 배터리 케이지에서 살고 있는 닭이야!

사라지지 말고 함께 살아요, 산호초

🔑 **keyword 찾아보기!** 산호초, 물살이, 번식, 천적, 해양 오염

안녕하세요. 다이빙을 좋아하는 나 첨벙 기자입니다. 저기 갈 길 잃은 흰동가리와 해마가 보입니다. 바다 깊은 곳에서 대체 무슨 일이 일어나고 있는 것인지 취재하러 가 보겠습니다!

기자 안녕하세요. 흰동가리님과 해마님! 계속 두리번 거리시는데 누구를 찾고 계신 것일까요?

흰동가리 어떡하죠? 우리 가족과 친구들이 보이지 않아요.

해마 언젠가부터 우리 친척들도 보이지 않고 있어요. 왜 그런 것일까요?

흰동가리 푸른바다거북 할아버지가 산호초가 사라지고 있다고 말씀하셨는데 그게 이유인 것 같아요.

기자 산호초가 사라지는 것과 여러분의 가족, 친구들이 보이지 않는 것이 어떤 관련이 있나요?

해마 바다의 온갖 생물들이 산호초에서 살고 있어요. 우리와 같은 물살이 생물은 산호초에서 번식도 하고, 먹이도 먹고 있어요. 때로는 천적으로부터 몸을 숨기기도 한답니다.

흰동가리 그래서 산호초가 사라지면 바다 생물들의 삶의 터전도 사라지는 것이죠. 온도가 높아진 바닷물과 해양 오염 때문에 2050년이면 산호초가 모두 사라질 수도 있다고 하니 정말 걱정돼요.

산호초가 사라지면서 바다를 구해 달라고 신호를 보내고 있는 것 같습니다. 바다 생물들, 그리고 바다 환경을 위해 당장 해결책을 마련해야 합니다.

백화현상이 뭐예요?

산호는 해양 생태계에서 아주 중요한 동물이에요. 산호들이 모여 이루어진 산호초를 기반으로 해양 생태계가 만들어지기 때문에 산호초는 바다의 열대우림이라고 불리기도 해요. 또한, 산호초는 바다의 조류와 공생하며 살아 가요. 산호초는 조류가 살 곳을 제공해 주고, 조류는 산호초에게 영양분을 주며 아름다운 빛깔을 갖도록 해 준답니다. 하지만 바닷물의 온도가 0.5~1.5℃로 상승하는 현상이 몇 주 이상 지속되면, 산호초는 조류와의 공생 관계가 깨지면서 죽음에 이르게 돼요. 이 과정에서 산호초가 아름다운 색을 잃고 하얗게 변해 가는 것을 '백화현상'이라고 합니다.

물살이: 물에서 사는 것
번식: 생물이 늘어나서 많이 퍼짐
천적: 다른 생물을 잡아먹는 생물
터전: 살림의 근거지가 되는 곳

조류(藻類): 산호초의 몸속에 살고 있는 수중 생물
공생: 서로 도우며 함께 사는 것

 빈칸 채우기

(1) 산호초는 흰동가리, 해마와 같은 ☐ 생물들이 살아가는 삶의 터전이기 때문에 바다에 절대 없어서는 안 되는 존재이다.

(2) 산호초는 바다의 ☐ 와 공생하며 살아간다.

(3) 산호초가 하얗게 변해가는 것을 ☐ 이라고 한다.

1 산호초에게 고마운 마음 표현하기

Q 내가 산호초에 살며 여러 가지 도움을 받고 있는 해마와 흰동가리라면, 산호초에게 어떤 말을 하고 싶은지 써 보세요.

A

2 섞어섞어 단어퀴즈

Q 주제와 관련된 단어들을 찾아 보세요.

주제 해양 생태계

조류	고지대	물살이
하이에나	해바라기	뭍살이
양서류	산불	사막
숲	산호초	원숭이

3 생각 펼치기: 산호초가 모두 사라진 바다는?

Q 만약 2050년에 바다의 산호초가 모두 사라진다면, 바닷속에 어떤 일이 벌어질 것 같은지 상상하며 그 이유도 함께 써 보세요.

A 바다의 산호초가 모두 사라진다면 바닷속에는 _____

_____ 일이 벌어질 것 같아요.

그 이유는 _____

_____ 때문이에요.

생물 다양성 107

야생동물을 위한 30 도로

 keyword 찾아보기! 로드킬, 산란, 서식처

혹시 산으로 가야 할 두꺼비가 도로를 지나가고 있다는 이야기, 먹이를 구하러 도로를 건너던 고라니가 로드킬을 당했다는 이야기를 들어본 적이 있나요?

느릿한 발걸음의 두꺼비가 왜 차들이 쌩쌩 달리는 도로 위를 지나가는 것일까요? 두꺼비를 비롯한 양서류들은 봄이 되면 산란철을 맞아 알을 낳기 위해 물이 있는 곳으로 이동해요. 하지만 두꺼비가 살고 있던 터전에 넓은 차도가 생겼기 때문에 위험한 차도를 건너야만 물이 있는 곳으로 갈 수 있게 된 것이죠. 알을 낳은 두꺼비는 다시 차도를 건너 숲으로 돌아가야 하는데, 정말 목숨을 건 산란이 아닐 수 없습니다.

최근 인천의 한 캠핑장 입구 도로에서 70~80마리 정도의 맹꽁이가 떼죽음을 당했다고 해요. 자연을 만끽하기 위해 캠핑장을 찾은 캠핑족들의 차에 치였기 때문인데요, 어쩌면 그곳은 캠핑장이 생기기 전부터 맹꽁이들이 자유롭고 행복하게 살고 있던 서식처는 아니었을까요? 인간의 도시 개발로 인해 자연이 파괴되면서 양서류는 서식처를 잃고 대책 없는 죽음을 맞이하게 되었습니다. 만약 여러분이 하루아침에 서식처를 잃게 된다면, 어떤 마음이 들 것 같나요?

학교 주변의 도로에는 학생들이 안전하게 길을 건널 수 있도록 차량의 최고 속도를 시속 30km로 제한하는 표지판이 있습니다. 이처럼 동물도 함께 살아가는 지구에서 야생동물을 위한 속도 30 도로가 절실한 상황입니다. 더불어 야생동물의 이동권을 보장하는 도로의 건설도 간절히 기대해 봅니다.

더 알아보기

생태통로가 뭐예요?

'생태통로'는 자연에서 서식하는 동물들이 안전하게 이동할 수 있도록 도와주는 길이자 동물들에게 단절된 서식처를 다시 연결해 주는 인공 구조물이에요. 생태통로가 생기면 동물들이 찻길보다는 생태통로를 이용해 다니기 때문에 로드킬을 당하는 동물의 수가 줄어 들어요. 사람들은 자신의 필요에 따라 아파트나 큰 건물을 짓고 도로를 확장하는 등 자연을 훼손합니다. 서식처를 잃은 동물을 위한 최소한의 배려, 그것이 바로 생태통로를 만들어 주는 일이 아닐까요? 생태통로는 생명의 길이면서 인간과 자연이 함께 행복할 수 있는 공존의 길입니다.

로드킬: 동물들이 도로에서 자동차 등에 치여 죽는 것

양서류: 물속과 땅 위 모두에서 생활하는 개구리, 두꺼비, 도롱뇽과 같은 동물

산란철: 알을 낳을 시기

서식처: 동물이 보금자리를 만들어 사는 곳

절실: 무엇인가를 바라는 마음이 간절한 것

단절: 끊어지거나 잘라 버림

훼손: 헐거나 깨뜨려 못 쓰게 만드는 것

 옳은 단어 고르기

(1) 봄이 되면 (산란 / 동면(겨울잠))철을 맞아 두꺼비를 비롯한 양서류들이 알을 낳기 위해 이동하기 시작한다.

(2) 현재 로드킬을 막을 수 있는 대책이 (충분 / 절실)한 상황이다.

(3) (고속도로 / 생태통로)는 생명의 길이면서 인간과 자연이 함께 행복할 수 있는 공존의 길이다.

1 로드킬을 막는 동물보호 표지판 살펴보기

Q 동물보호 표지판에 어떤 동물들이 그려져 있는지 써 보세요.

A

2 사다리 타기 퀴즈

Q 사다리를 타고 내려 간 곳에 알맞은 답을 써 보세요.

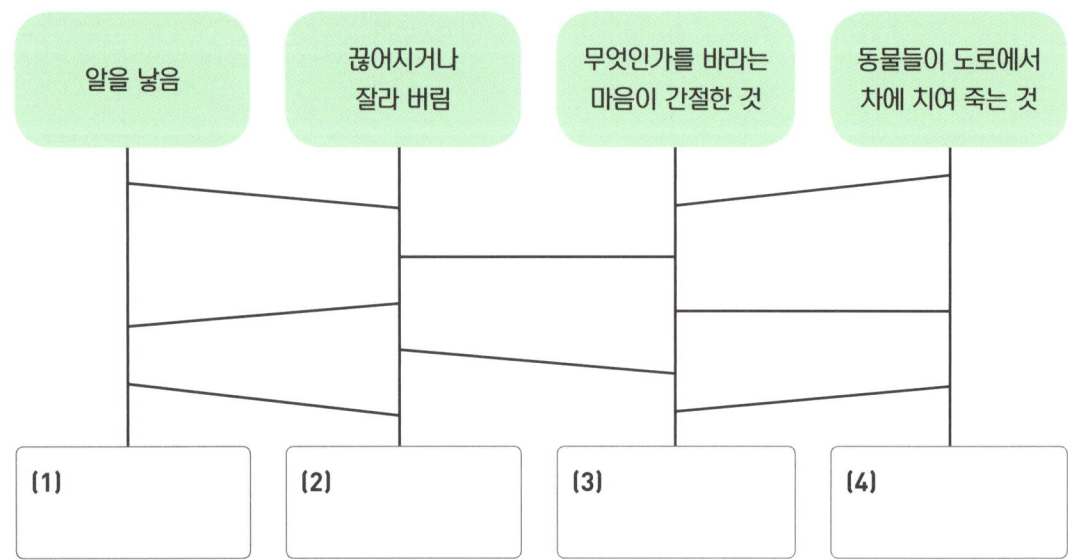

3 생각 펼치기: 내가 만드는 동물보호 표지판

Q 동물들이 안전하게 이동할 수 있도록 동물보호 표지판을 만들어 보세요.

예시	동물보호 표지판
	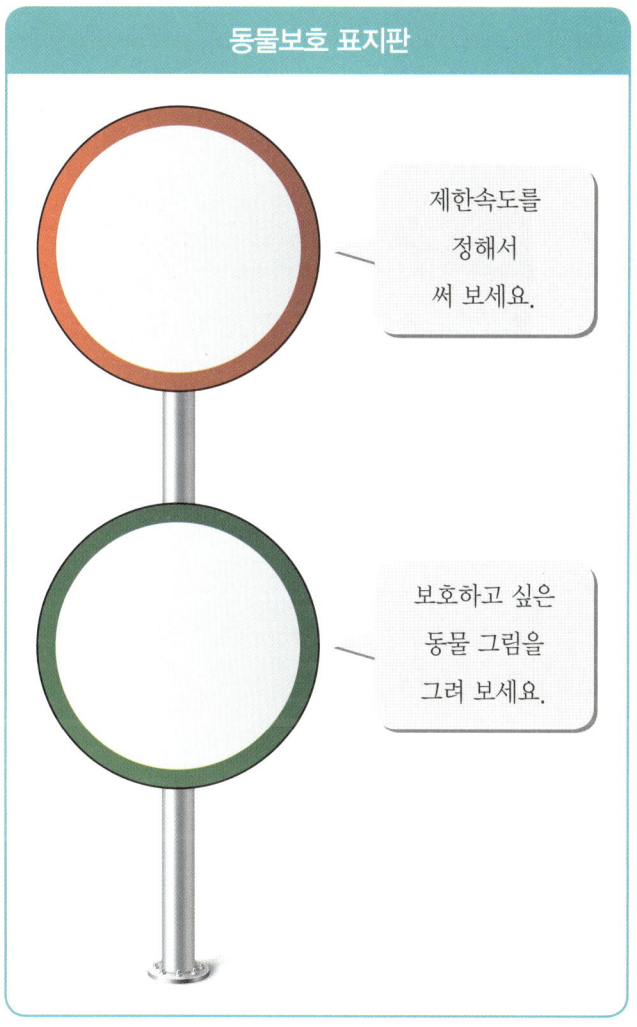

제한속도를 정해서 써 보세요.

보호하고 싶은 동물 그림을 그려 보세요.

A

(1) 보호하고 싶은 동물

(2) 이 동물을 선택한 이유

1 미디어 리터러시: 수족관에 갇힌 벨루가

 바다 생물 벨루가를 알고 있나요?

여러분, 혹시 귀여운 외모의 소유자, 벨루가에 대해 알고 있나요? 벨루가는 흰 고래에 속하는 바다 생물로, 웃음 짓는 고래로 유명해요. 주로 북극지방에서 서식하며 하루에 수백 km를 헤엄치고 사냥하면서 지낸다고 해요. 하지만 사람들에 의해 수족관에 갇혀 사는 벨루가는 이상행동을 보이기도 한다는데요, 수족관에서 벨루가는 어떤 모습으로 살아가고 있는지 들여다 볼까요?

뉴스 바로가기! ▶

초성으로 미디어 내용 이해하기

(1) 돌고래와 생김새가 비슷한 벨루가는 ㅁ ㅈ ㅇ ㄱ ㅈ 이다.

(2) 수족관 측은 야생에서 처할 수 있는 위험으로부터 ㅂ ㅎ 하기 위해 벨루가를 사육한다고 주장한다.

(3) 현재 한국에 있는 수족관들은 최소한의 ㄷ ㅁ ㅂ ㅈ 규정을 충족시키지 못하고 있다.

단원마무리

2 동물 해방 운동 활동하기

 동물원이나 수족관에 갇혀 스트레스를 받는 동물을 생각하며 다음과 같은 활동을 해 보세요. ③번 칸에는 활동과 관련된 사진 또는 그림을 남기고 설명도 써 보세요.

① 자유롭고 행복한 돌고래를 손수건에 그려 넣기

② 동물원 또는 수족관에 가지 않겠다는 마음을 담은 포스터 그리기

③ _____
   _____

생물 다양성 113

3 인증마크 알아보기

 동물복지농장에서 자란 닭을 알려 주는 인증마크를 기억해요.

계란 포장지에는 많은 마크가 있어요. 그중 닭의 습성을 존중받으며 생활하는 닭이 낳은 계란에는 '동물복지' 마크와 '유기축산물' 마크가 붙어 있답니다. 이 마크들을 기억한다면 동물을 보호하는 선택이 무엇인지 알겠죠?

4 책으로 만나는 동물복지 이야기

 암탉이 계란을 낳지 않게 된다면?

여러분은 암탉이 매일 낳는 계란의 소중함을 느끼고 있나요? 책 속에 나오는 닭 농장주는 암탉이 질 나쁜 계란을 낳자 불평을 늘어 놓았어요. 이 말을 들은 암탉들은 비좁은 공간에서 어떻게 질 좋은 계란을 낳을 수 있겠느냐며 화를 내고, 결국 계란을 낳지 않겠다며 파업에 들어 갑니다. 암탉들이 계란을 낳지 않는다면, 과연 우리에게 어떤 일이 벌어질까요?

<필라르 세라노 글 / 마르 페레로 그림 / 김지애 역 / 라임>

단원마무리

5 버드 피더 만들기

 겨울철 먹이가 부족한 새를 위해 버드 피더(새 모이통)를 만들어 볼까요?

◆ 준비물
- 깨끗하게 씻은 우유팩(1L)
- 나무젓가락
- 해바라기씨, 견과류, 과일, 식빵조각 (작은 새를 위해 잘게 부순 견과류와 큰 새를 위해 중간 크기로 부순 견과류 준비)
- 마끈 또는 철사, 송곳

◆ 만드는 순서
1. 우유팩 4면에 창을 뚫어요.
2. 우유팩 하단을 송곳으로 구멍을 낸 뒤, 나무젓가락을 교차해서 끼워요.
3. 나무젓가락 끝에 사과를 끼워요.
4. 마끈이나 철사를 이용해서 상단에 고리를 만들어요.
5. 부순 견과류와 식빵조각을 담아요.
6. 나뭇가지에 걸어 줘요.
* 가끔 새가 먹이를 먹으러 찾아오는 모습을 관찰해 보면 어떨까요?

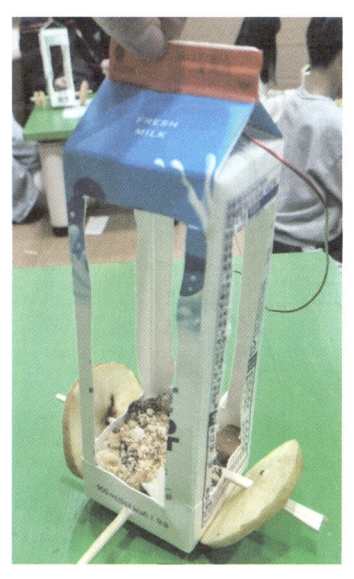

생물 다양성 115

PART 5

지속가능한 발전

01 재활용 종이로 변신한 착한 선물 세트
02 탄소 마시는 숲을 만들어요
03 '15분 도시'는 처음이지?
04 고기는 아니지만 오히려 좋아
05 무늬만 친환경, 그린워싱

재활용 종이로 변신한
착한 선물 세트

🔑 keyword 찾아보기! 플라스틱, 친환경 포장, 종이 완충재, 분리배출

설날, 추석 등 명절이 다가오면 대형 슈퍼마켓이나 백화점에서 고급스럽게 포장된 과일 선물 세트를 볼 수 있습니다. 하지만 막상 선물을 뜯고 나면 가득 나오는 포장 쓰레기 때문에 당황한 적 있을 거예요. 과일이 흐트러지지 않게 고정하기 위한 트레이는 환경을 오염시키는 플라스틱으로 만들어졌고, 과일이 서로 부딪혀 흠집이 생기는 것을 막기 위한 과일망은 재활용이 되지 않아 바로 버려지게 됩니다. 하지만 최근에는 친환경 포장을 선택한 착한 선물 세트가 등장했다고 하는데요?

▲허니쿠션으로 포장된 과일
[출처: 현대백화점]

국내의 한 백화점에서 과일 선물 세트에 플라스틱 포장재 대신 종이 완충재를 사용하여 이목을 끌고 있다고 해요. 이 종이 완충재는 촘촘하게 짜여진 벌집 모양을 갖추고 있어 '허니쿠션'이라고 불리고 있어요. 또, 어떤 대형마트에서는 분리배출이 가능한 종이 트레이 포장재를 사용하고 있다고 해요. 가능한 한 쓰레기를 만들어 내지 않으려는 기업들의 노력이 대단해 보입니다.

생산자인 기업은 상품을 포장할 때 분리배출이 쉽고, 재활용하기 편한 재료를 사용하는 것이 바람직합니다. 소비자인 우리는 물건을 살 때 생산부터 폐기까지의 과정에서 환경을 생각한 상품인지 생각하는 습관을 가져 보는 것은 어떨까요?

더 알아보기
종이 포장은 정말 친환경적일까?

플라스틱 포장재가 환경에 좋지 않다는 것은 다들 알고 있죠? 그래서 요즘은 많은 기업들이 플라스틱 포장재를 대신해서 종이 포장재를 사용하고 있어요. 그런데 어떤 기업은 친환경적으로 보이기 위해 플라스틱 포장 상품 위에 종이 포장재를 추가했다고 합니다. 실제로 미국, 영국 등에서 4,000명을 대상으로 조사를 해 보니, 플라스틱 포장이 있더라도 종이 포장재가 추가된 제품이 더 친환경적이라고 인식하는 사람이 많다고 합니다. 종이 포장재가 친환경적이라는 이유로 눈속임을 위한 과대 포장에 사용되고 있다는 것은 한 번쯤 생각해 볼 만한 문제겠죠?

어휘쑥쑥

완충재: 두 개의 물체 사이에 끼어서 충격을 줄여 주는 재료
이목: 남들의 주의나 시선
인식: 사물을 구별하고 판단해 아는 일
과대: 지나치게 큼

문해력쑥쑥 빈칸 채우기

(1) 과일을 포장할 때 사용하는 과일망은 _____ 되지 않는다.

(2) 종이 완충재를 사용하여 _____ 포장을 한 기업이 있다.

(3) 플라스틱 포장에 종이 포장재까지 추가된 제품은 불필요한 _____ 포장이다.

1 과일 가게에서 슬기로운 선택하기

Q 과일을 파는 A가게와 B가게의 점원이 각각 어떤 말을 하면서 과일을 팔고 있을지 상상하며 말풍선을 채워 보세요. 그리고 나라면 두 가게 중 어느 가게에서 과일을 살지 선택하고 그 이유도 써 보세요.

랩과 과일망으로 과일을 포장한 A가게

바구니, 다회용 가방에 직접 과일을 담을 수 있도록 한 B가게

A

힌트 어떤 선택이 환경에 도움이 될까요?

(1) 내가 선택한 과일 가게: ___가게

(2) 이유: _____

2 한자와 함께 단어 익히기

Q '과대(過大)'라는 단어의 뜻을 통해 '크다'라는 뜻을 가진 '대(大)'가 들어 있는 단어를 〈보기〉에서 찾아 보세요.

과	대
過	大
지나칠 과	클 대
뜻: 지나치게 큼	

보기

대학교	대형버스	군대	대머리
대리운전	대통령	국가대표	초대

3 생각 펼치기: 나의 생활 돌아 보기

Q 여러분이 지난 일주일 동안 사용한 물건의 포장은 어떤 재료로 되어 있었나요? 플라스틱 혹은 종이? 그리고 만약 내가 누군가를 위한 선물을 준비한다면 어떤 재료로 포장하고 싶은지 써 보세요.

A 제가 사용한 물건들은 _____ 재료로 포장된 것들이 많았고, 이 재료는 환경에 도움이 (되는 / 되지 않는) 것이에요. 제가 선물을 포장하게 된다면 _____ 재료로 포장할 거예요. 그 이유는 _____ 때문이에요.

탄소 마시는 숲을 만들어요

🔑 **keyword 찾아보기!** 사막화, 탄소, 숲, 생물 다양성, 블루카본, 해양 생태계

필리핀은 서양 열강에 의해 식민 지배를 받았을 때 플랜테이션 농장이 만들어져 무분별하게 산림을 훼손당했어요. 이러한 자연 파괴의 결과로 필리핀은 현재까지 많은 산사태가 발생하여 피해를 입고 있어요. 필리핀 정부는 훼손된 숲을 살려야겠다는 결심을 했고, 모든 학생이 졸업하기 전까지 1인당 나무 10그루를 심도록 하는 법을 만들었어요.

우리나라에도 '환경 숲 가꾸기'에 노력 중인 기업이 있다는 사실 알고 있나요? '한화그룹'은 2011년부터 사막화 방지와 미세먼지 저감을 위해 숲을 조성하기 시작했어요. 이 캠페인에 따라 느티나무와 같이 탄소 저장 능력이 높은 나무를 심고 있는데, 느티나무는 1그루당 성인 7명이 1년 동안 쓸 산소를 만들어 줘요. 프로젝트를 시작한 후 10여 년이 지난 지금까지 한화그룹이 심은 나무만 53만 그루에 해당한다고 하니 어마어마하죠? 숲이 살아나니 사슴과 같은 야생동물이 돌아와 생물 다양성에도 크게 기여하고 있다고 해요.

뿐만 아니라 '바다 숲'을 조성하는 기업도 큰 눈길을 끌고 있는데요, '포스코'는 '블루카본' 효과가 있는 바다 숲 조성을 위해 노력하고 있어요. 포스코의 계획에 따르면 기후변화로 인해 훼손된 해양 생태계를 되돌려 놓기 위해 2027년까지 꾸준히 바다 숲을 만들어 나갈 예정이라고 해요.

기후변화로 인해 망가져 버린 숲과 훼손된 해양 생태계를 살려 생물 다양성을 지키기 위해 우리도 1그루의 나무 심기를 실천해 보면 어떨까요?

더 알아보기

블루카본이 뭐예요?

'블루카본(Blue Carbon)'이란 맹그로브 숲, 잘피림 등의 해양 생태계가 흡수하는 탄소를 뜻하는 말이에요. 블루카본이 탄소를 저장하는 속도는 육상 생태계보다 50배 이상 빠르고, 저장할 수 있는 기간도 훨씬 길어서 온실가스를 줄이는 데 도움이 된다고 해요. 육상 생태계뿐만 아니라 해양 생태계도 함께 보전되어야 지속가능한 탄소 저감 효과를 가져올 수 있기 때문에 전 세계에서 다양한 방식으로 탄소 흡수를 위해 노력하고 있답니다. 여러분은 생물 다양성 보전을 위해 무엇을 해 보고 싶나요?

플랜테이션: 열대 지방에서 커피·설탕·고무 등을 재배하는 대규모 농장
사막화: 강수량이 적어 풀과 나무가 거의 자랄 수 없을 정도의 토지 또는 환경이 됨
조성: 무엇을 만들어서 이룸
생물 다양성: 지구상 생물체의 다양성

생태계: 생물들이 서로 영향을 주고 받으며 살아가는 무생물의 환경
맹그로브 숲: 아열대나 열대 지역의 해변이나 하구의 습지에서 발달하는 숲
잘피림: 바닷물에서 꽃을 피우는 식물이 모여 있는 곳

 빈칸 채우기

(1) 필리핀은 식민지 시절 [   ] 농장을 만들기 위해 삼림을 훼손했다.

(2) [   ]는 1그루당 성인 7명이 1년 동안 쓸 산소를 만든다.

(3) 숲이 살아나 야생동물이 돌아오게 되면서 [   ]에 크게 기여했다.

1 기자와의 인터뷰

Q 신문 기사를 읽은 학생과 인터뷰하는 기자의 질문에 답해 보세요.

A

포스코는 어떤 효과를 보기 위해 바다 숲을 조성하는 것이며, 이로 인해 어떤 생태계가 회복되는 것일까요?

포스코는 (1) _ _ _ _ _ _ _ _ 효과를 통해 (2) _ _ _ _ _ 생태계를 회복시키고자 해요.

2 숨은 단어를 찾아라!

Q 주제와 관련된 단어들을 찾아 보세요.

주제 탄소 마시는 숲

이	성	축	지	블	불
졸	막	코	구	루	소
조	스	음	장	카	산
포	바	다	숲	본	계

3 생각 펼치기: 기업에게 편지 쓰기

Q 기후변화로 인해 훼손된 생태계를 되돌려 놓기 위해 노력하고 있는 기업에게 하고 싶은 말을 편지로 써 보세요.

A
(   )에게

안녕하세요? 저는 (   )입니다.

- 어느 기업에게 편지를 쓰고 싶나요?

- 편지를 쓰고 싶은 기업이 노력하고 있는 것은 무엇인가요?

- 그 기업이 노력하면 좋아지는 것은 무엇인가요?

- 노력하고 있는 기업에게 칭찬하거나 하고 싶은 말은 무엇인가요?

'15분 도시'는 처음이지?

🔑 **keyword 찾아보기!** 이산화 탄소, 온실가스, 자전거, 15분 도시

도시의 모습을 떠올려 보세요. 도로는 자동차로 가득하고, 특히 중심지에는 이동하는 사람들이 많아 교통체증이 발생하기도 하죠. 게다가 주차문제도 심각합니다.

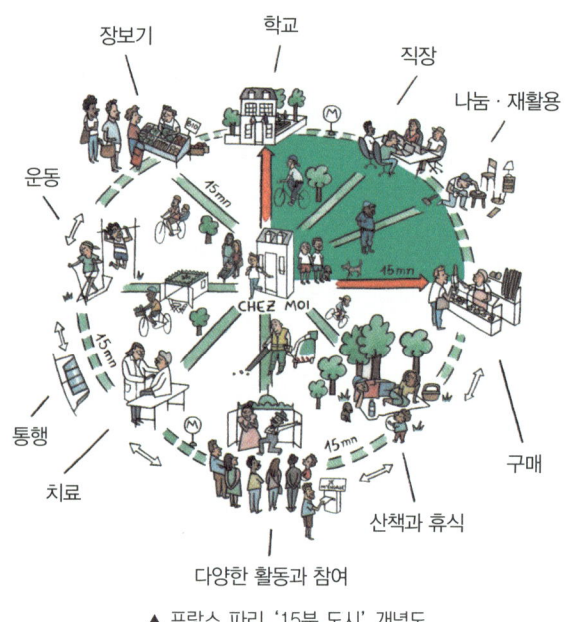

▲ 프랑스 파리 '15분 도시' 개념도
[출처: 파리시청]

자동차에서 발생하는 이산화 탄소는 온실가스로, 지구 온난화를 일으키는 주범이에요. 그래서 요즘 많은 사람들이 먼 거리는 자전거로 이동하고 가까운 거리는 걸어서 다니기도 해요. 프랑스 파리는 도시에서 발생하는 탄소 배출을 줄이기 위해 2019년부터 '15분 도시' 프로젝트를 추진하고 있어요. 이 프로젝트는 파리 시내에서 도보 혹은 자전거로 학교, 직장, 병원, 공공기관 등을 15분 안에 도달할 수 있도록 도시를 계획하는 정책이에요. 15분 도시의 창시자 카를로스 모레노(Carlos Moreno)는 "일, 쇼핑, 병원 등 우리가 도시에서 원하는 것들을 집에서 멀지 않은 곳에서 모두 만날 수 있습니다."라고 말했어요. 지속가능한 도시의 연구 결과인 셈이죠. 한편, 자전거 도로는 점점 넓어지고 자동차 도로는 줄어들면서 자동차를 이용하는 주민들이 불편을 호소하기도 했어요. 하지만 기존에 자동차를 이용하던 주민들이 자전거나 도보를 편히 이용할 수 있도록 도로를 재정비하면서 자동차보다 자전거를 이용하는 주민 수가 더 많아졌다고 해요.

탄소 배출을 줄이는 '15분 도시' 프로젝트를 우리나라에서도 전면 시행할 수 있을까요?

이산화 탄소 배출을 주의해!

이산화 탄소(CO_2)가 기후변화의 주요 원인 중 하나라는 사실 알고 있나요? 대기 중에 방출된 이산화 탄소가 온실효과를 일으키면서 지구의 평균 기온이 상승해 기후변화로 이어지는 것이죠. 그렇기에 자동차의 이산화 탄소 배출을 줄이는 것이 기후변화를 늦추는 중요한 방법 중 하나예요. 자, 오늘부터 가까운 거리는 자전거를 이용하거나 걸어 다녀 볼까요? 만약 차가 꼭 필요한 거리라면, 승용차 대신 대중교통을 이용해 보는 것도 바람직해 보입니다.

어휘쏙쏙

중심지: 어떤 일이나 활동의 중심이 되는 곳
교통체증: 차량이 많이 밀려 통행이 잘 안되는 상태
도달: 목적한 곳이나 수준에 다다름

창시자: 어떤 사상이나 이론을 처음 시작하거나 내세운 사람
호소: 억울하거나 딱한 사정을 남에게 하소연함
전면: 모든 면, 모든 부분

 빈칸 채우기

(1) 도시 중심지에는 사람과 차가 많아서 [　　　　]이 자주 발생하고 주차문제도 심각하다.

(2) 15분 도시의 [　　　　]는 카를로스 모레노이다.

(3) 15분 도시 정책에 불만을 [　　　　]하는 사람들도 있었다.

1 15분 도시 창시자와의 인터뷰

Q 카를로스 모레노와 인터뷰를 하는 기자의 질문에 답해 보세요.

A

카를로스 모레노님. 프랑스 파리에 15분 도시 정책을 계획한 이유가 무엇인가요?

지구 온난화가 더는 심해지지 않도록 도시에서 발생하는 (1) _____을 줄이기 위해서 계획했답니다.

환경보전을 위한 도시를 만들고자 하셨군요! 그렇다면 15분 도시 이름의 의미는 무엇인가요?

시내에서 (2) _____를 타는 것 대신에 도보 혹은 자전거를 이용해 (3) _____ 안에 학교, 직장, 병원, 공공기관 등을 도달할 수 있도록 계획한 도시를 의미해요.

2 선 긋기 퀴즈

Q 설명에 해당하는 단어에 선을 그어 보세요.

(1) 자동차에서 배출되는 온실가스 • • 15분 도시

(2) 도시에서 발생하는 탄소 배출을 줄이기 위해 카를로스 모레노가 추진한 프로젝트 • • 자전거

(3) 탄소 배출을 줄이기 위해 가까운 거리를 이동할 때 자동차 대신 이용하는 이동 수단 • • 이산화 탄소

3 생각 펼치기: 15분 도시 프로젝트, 오래갈 수 있을까?

Q 프랑스 파리의 15분 도시 프로젝트로 인해 불편함을 느끼는 사람도 있었는데요, 여러분이 생각했을 때 15분 도시 프로젝트는 오래갈 것 같나요?

A 프랑스 파리의 15분 도시 프로젝트는 (오래갈 것 / 오래가지 않을 것) 같아요. 그 이유는

_____

때문이에요.

고기는 아니지만 오히려 좋아

keyword 찾아보기! 육류, 공장식 축산, 푸드테크, 식물성 대체육

전 세계 인구가 80억 명을 넘어섰다는 소식 들었나요? 인구가 증가함에 따라 육류 소비도 함께 늘어나고 있는데, 지나친 육류 소비가 공장식 축산 및 기후변화의 원인이 되면서 지구를 위한 식단을 고민하는 푸드테크가 주목받고 있습니다.

▲ 식물성 대체육으로 만든 음식

진짜 고기처럼 만든 인공 고기인 대체육을 먹어본 적이 있나요? 가끔 학교 급식에도 나오는 콩고기가 대표적인 식물성 대체육이라고 할 수 있어요. 콩, 밀, 버섯, 호박 등의 재료에 열을 가하고 수분을 조절하면 고기와 유사한 형태와 식감을 가진 식물성 대체육을 만들 수 있어요. 이러한 식물성 대체육은 'KFC', '맥도날드' 등 세계적인 기업에서도 사용된 적이 있고, 최근에는 지구를 위한 푸드테크를 실현하고 있는 우리나라 기업의 제품에서도 쉽게 찾아볼 수 있어요.

여러분도 잘 알고 있는 식품기업인 '풀무원'은 지속가능한 '지구식단'이라는 이름을 내걸었어요. 일상 식단을 식물성으로 쉽게 바꿀 수 있도록 '두부면'과 같은 다양한 제품을 개발해 시중에 내놓고 있죠. 풀무원뿐만 아니라 'CJ제일제당'의 '플랜테이블', '오뚜기'의 '헬로베지' 등 지속가능한 지구를 위한 식단을 개발하고자 노력하는 기업이 많아지고 있다는 것은 정말 기쁜 일이에요.

육류 소비를 줄이면서 지구를 살릴 수 있는 대체육을 여러분도 경험해 보면 좋을 것 같습니다.

배양육은 무엇인가요?

동물의 죽음 없이 고기를 먹을 수 있는 방법이 있다면 어떨까요? 배양육은 살아 있는 동물의 세포를 인공적으로 배양해서 만든 고기를 뜻해요. 공장식 축산과도 거리가 멀고 동물을 도축하는 과정도 없이 고기를 먹을 수 있다니 신기하지 않나요? 배양육이 우리의 식탁에 오르기까지 기술적으로 거쳐야 하는 단계가 많긴 하지만 다양한 부분에서 배양육은 지속가능한 푸드테크입니다. 소비자 반응도 꽤 좋다고 하니 배양육이 더 널리 사용될 날을 기대해 볼 만 하죠?

축산: 가축을 길러 생활에 도움이 되는 것을 만드는 일
푸드테크: 식품 산업에 정보 공학과 신기술 등을 이용하는 일
인공: 자연이 아닌 사람의 힘으로 만든 것

시중: 사람들이 많이 오가며 생활하거나 활동하는 곳
배양: 인공적인 환경에서 기르는 것
도축: 고기를 얻기 위해 가축을 잡아 죽임

 옳은 단어 고르기

(1) 육류 소비가 지나치게 증가하면서 지구를 위한 식단을 고민하는 (푸드테크 / 에듀테크)가 나날이 성장하고 있다.

(2) 진짜 고기를 대신하기 위해 식물로 만든 고기를 (잡식성 대체육 / 식물성 대체육)이라고 한다.

(3) 동물을 도축하는 과정 없이 동물의 세포를 이용해 인공적으로 (배양 / 분열)해서 만든 고기를 배양육이라고 한다.

1 지구를 지키는 음식 홍보하기

Q 대체육을 사용해서 만든 떡갈비를 홍보하려고 합니다. 빈칸에 들어갈 알맞은 단어를 〈보기〉에서 찾아 써 보세요.

A

보기 식물성, 동물성, 채소, 육류, 지구, 화성

(1) ☐☐☐　(2) ☐☐☐　(3) ☐☐

2 O / X 퀴즈

Q 다음 문장을 읽고 맞으면 O, 틀리면 X에 표시해 보세요.

(1) 전 세계 인구가 늘어나면서 육류 소비는 감소하고 있다.   [O] [X]

(2) 콩고기는 대표적인 식물성 대체육이다.   [O] [X]

(3) 배양육은 푸드테크 기술을 통해 만들어진 고기이다.   [O] [X]

3 생각 펼치기: 내가 과학자라면?

Q 여러분이 과학자라면, 어떤 푸드테크 기술을 개발하고 싶나요?

A 제가 과학자라면, 지구를 위해 ___번의 기술을 개발하고 싶어요. 그 이유는 _____
_____ 때문이에요.

> ① **곤충 단백질 대체 식품**: 동물 대신 식물과 곤충을 이용한 대체 식품 만들기
> ② **3D 푸드 프린팅**: 3D 프린터로 가루나 액체 형태의 재료를 이용해 식품 만들기
> ③ **환경 제어 농업**: 시기나 기후에 상관 없이 다양한 농작물을 재배할 수 있는 환경 만들기

무늬만 친환경, 그린워싱

🔑 **keyword 찾아보기!** 친환경, 허위 광고, ESG, 그린워싱

여러분은 혹시 '친환경' 제품에 관심 가져본 적이 있나요? 우선, 친환경 제품인지는 어떻게 확인할 수 있을까요? 이는 제품에 표시되어 있는 '친환경 마크(환경표지인증)'를 통해 알 수 있답니다. 그런데 만약 여러분이 구매한 제품의 친환경 마크와 친환경 관련 문구가 허위 광고였다면, 기분이 어떨 것 같나요?

▲ 환경표지인증 대상 제품에 붙는 친환경 마크

요즘 많은 기업들이 ESG 경영의 중요성을 느끼며 친환경적인 이미지를 내세우는 전략을 펼치고 있어요. 그러다 보니 '친환경'이라는 용어를 남발하는 경우가 많아졌습니다. 실제로는 친환경과 관련 없는 제품임에도 불구하고 '에코', '저탄소' 등의 용어를 사용하면서 친환경적인 제품으로 소개하는 것을 '그린워싱'이라고 해요. 바로 기업의 눈가림 수법이라고 볼 수 있죠.

실제로 한 기업이 '에코 프랜들리'라는 친환경 문구를 사용한 물티슈 제품을 판매했는데, 환경부에서는 이 물티슈가 환경표지인증 대상 제품이 아니라고 발표한 일이 있었습니다. 또한, 세계적인 음료 브랜드인 '코카콜라'는 2030년까지 제품의 25%를 재사용 가능하거나 반환 가능한 용기에 담아 판매하겠다고 약속했으나, 이러한 공약을 설명한 페이지를 자사 홈페이지에서 삭제했어요.

기업에서는 눈속임 없는 친환경 제품을 만들어서 진정한 환경 보호와 사회적 책임을 다해야 합니다. 그리고 소비자는 자신이 구매한 제품이 올바른 ESG 경영을 하는 기업의 제품인지, 아니면 그린워싱 제품인지 가려낼 수 있는 안목을 길러야 합니다.

더 알아보기
텀블러와 에코백은 진짜 친환경적일까?

일회용 플라스틱 종이컵과 일회용 비닐봉지 사용을 줄이기 위해 환경 행사를 하는 곳에서는 많이들 기념품으로 텀블러나 에코백을 제공합니다. 그런데 스테인리스 텀블러의 경우 최소 220번은 사용해야 일회용 종이컵보다 온실가스 배출 감소 측면에서 유리하다는 사실 알고 있나요? 또한, 면 소재로 만들어진 에코백은 최소 7,100번은 사용해야 비닐봉투보다 환경 보호 효과가 있다고 해요. 따라서 환경에 좋고 예쁘다는 이유로 계속해서 텀블러와 에코백을 구매하는 것보다는 기존에 있는 제품을 많이 사용하는 것이 지구를 위한 길이겠습니다.

인증: 어떤 문서나 행위가 정당한 절차로 이루어졌다는 것을 증명함

허위: 진실이 아닌 것을 진실인 것처럼 꾸민 것

ESG 경영: 친환경(Environmental), 사회적 가치 창출(Social), 투명한 지배구조(Governance)를 추구하는 기업의 운영 방식

남발: 어떤 말이나 행동을 자꾸 함부로 함

안목: 사물을 보고 좋고 나쁨을 구별하는 능력

 옳은 단어 고르기

(1) 친환경과 관련이 (있으면서 / 없으면서) 친환경적인 이미지의 제품을 내세우는 것을 그린워싱이라고 한다.

(2) 환경부에서 친환경 이미지를 앞세운 물티슈 제품이 환경표지(미인증 / 인증) 대상 제품이 아니라고 발표한 일이 있었다.

(3) ESG 경영 기업에서는 진짜 친환경 제품을 만들어 냄으로써 진정한 환경 보호와 사회적 책임을 (다해야 한다 / 다할 필요가 없다).

1 친환경 제품 마크 찾아보기

Q 친환경 제품을 나타내는 마크를 학습하고, 마크를 통해 우리집에 있는 친환경 제품을 찾아 써 보세요.

친환경 마크	저탄소 인증마크	GR마크

다른 제품에 비해 환경 오염을 적게 일으키거나 자원을 절약할 수 있는 경우에 붙이는 마크	다른 제품에 비해 이산화 탄소가 적게 발생하는 경우에 붙이는 마크	물건을 재활용해서 만든 제품 중 우수한 경우에 붙이는 마크

A

종류	제품명
친환경 마크	
저탄소 인증마크	
GR마크	

2 사다리 타기 퀴즈

Q 사다리를 타고 내려 간 곳에 알맞은 답을 써 보세요.

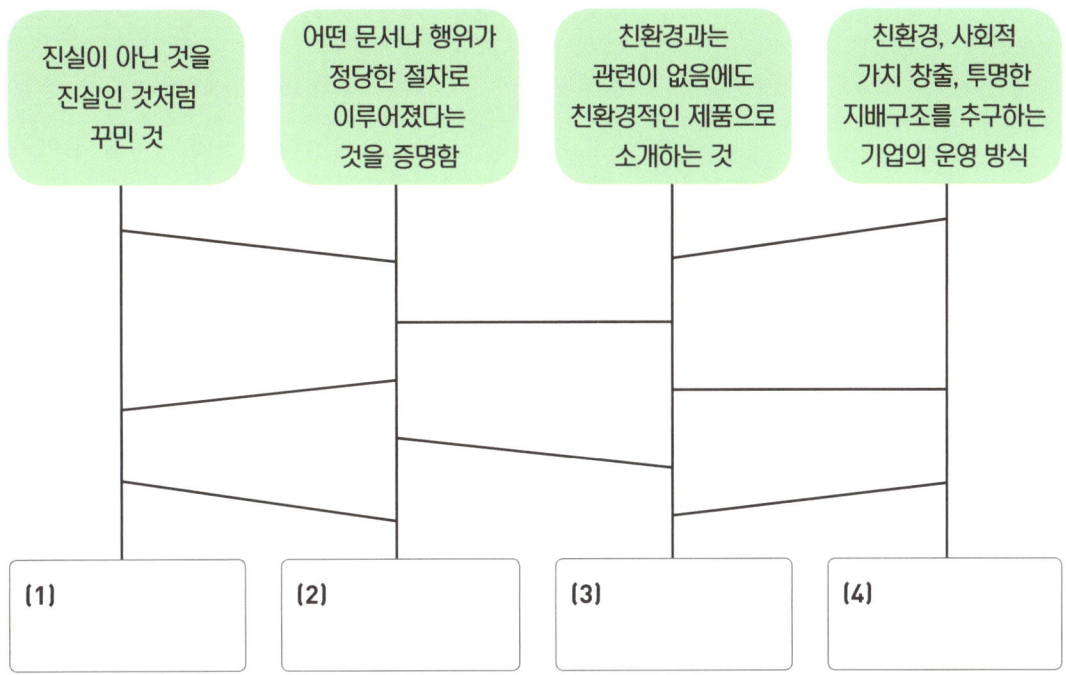

3 생각 펼치기: 내가 사용해 보고 싶은 친환경 제품은?

Q 여러분이 사용해 보고 싶은 친환경 제품을 찾아 보고, 그 이름과 이유에 대해 써 보세요.

A 제품 이름: _____

저는 _____ 제품을 사용해 보고 싶어요.

그 이유는 _____

_____ 때문이에요.

1 미디어 리터러시: 졸업 조건이 나무 심기?

 학교를 졸업하려면 나무를 심어야 하는 나라가 있다?

필리핀에서는 학생들이 학교를 졸업하기 전에 나무를 심어야만 졸업이 가능하도록 법안을 통과시켰습니다. 이 나라는 왜 이렇게 기발한 법안을 통과시켰을지 그 이유가 궁금합니다. 또, 이 법안에 따르면 몇 그루의 나무를 심어야 졸업할 수 있는 것일까요?

뉴스 바로가기! ▶

초성으로 미디어 내용 이해하기

(1) 필리핀은 훼손된 ㅅ ㄹ 을 되살리기 위해 초등학교부터 대학교까지 학생들의 ㅈ ㅇ 조건으로 나무 심는 법안을 통과시켰다.

(2) 이 법안의 이름은 'ㅎ ㄱ 을 위한 ㅈ ㅇ ㅇ ㅅ ㅂ'이다.

(3) 필리핀 학생들은 학교를 졸업하기 전에 ㄴ ㅁ ㅇ ㄱ ㄹ 를 심어야 한다.

단원마무리

2 지속가능한 도시 더 알아보기

 파리의 15분 도시 이외에도 지속가능한 도시를 설계하는 나라를 살펴보아요.

1. 덴마크 코펜하겐의 '자전거 친화형 도시'

덴마크의 수도인 코펜하겐은 자전거 친화적인 도시로 유명해요. '자전거 친화형 도시'답게 코펜하겐은 자전거 도로가 잘 발달되어 있어서 시민의 약 60%가 자전거를 이용해 출퇴근한다고 해요. 또한, 친환경 건물과 재생 가능 에너지 사용을 적극적으로 추진하는 등 지속가능한 도시를 꿈꾸는 곳이죠.

2. 스페인 바르셀로나의 '슈퍼블록'

스페인의 바르셀로나는 '슈퍼블록' 개념을 도입했어요. 그래서 도심의 차량 통행을 제한하고, 주민들이 자전거를 타고 걸을 수 있는 공간을 확대했어요. 이러한 친환경 정책 덕분에 바르셀로나의 대기 오염이 줄고, 지역 상업도 활성화되었다고 해요.

3. 싱가포르의 '정원 속 도시'

싱가포르는 '정원 속 도시'라는 슬로건을 내걸고 친환경 도시 계획을 세웠어요. 계획에 따라 도심 속 녹지 공간을 늘리고, 친환경 건축물과 스마트 기술을 활용해서 지속가능한 발전을 이루고 있다고 해요.

소개해요

3 종이도, 비닐 포장재도 사용하지 않는 친환경 포장 선물 어때요?

 지속가능한 친환경 포장의 이모저모

러쉬는 플라스틱 용기를 100% 활용해 만든 '낫랩'을 선보였어요. 낫랩은 보자기로 매듭(knot)을 지을 수도 있고, 일회용 포장재를 쓰지 않는다는 의미(not-wrap)에서 이름이 지어졌다고 해요. 한 번 쓰고 버리는 포장재 대신 여러 번 사용할 수 있어서 친환경적이라고 합니다. 제품을 담아 보관하거나 선물할 수도 있고, 패션 아이템으로도 변신이 가능한 낫랩을 사용해 보는 것은 어떨까요?

[출처: 러쉬 홈페이지]

 내 방에 잠자고 있는 손수건을 활용한 친환경 포장 디자인해 보기

예시 이미지	나만의 포장 디자인

4 식목일은 어떤 날이에요?

 식목일의 유래를 알아볼까요?

[출처: 국립수목원 산림박물관]

여러분은 식목일이 언제인지 알고 있나요? 식목일(植木日)은 나무를 아끼고 잘 가꾸도록 권장하기 위해 지정된 날로 매년 4월 5일이에요. 식목일은 신라가 삼국 통일을 이룬 날이자, 조선 성종이 직접 밭을 일군 날에 해당된다고 해요. 이처럼 식목일은 삼국 통일이 되어 대한민국의 기틀이 마련되고, 왕이 직접 농사에 참여해 농업 역사에 큰 의미가 있는 날에 지정된 것이에요. 또한, 계절적으로도 나무를 심기에 적합한 날이기 때문에 이승만 정부 때 법정 기념일로 지정되었어요. 식목일 만큼은 그 유래를 생각하며 나무를 심어 보는 것이 어떨까요?

 나무를 심고 나만의 이름표 달기

1. 심고 싶은 나무를 조사해요.
2. 심고 싶은 나무를 결정했다면, 나무 묘목을 구입해요.(매년 각 시·도에서 하는 묘목 나누어 주기 활동도 있으니 알아보세요.)
3. 묘목을 심을 장소를 정해요.
4. 묘목에 달아줄 이름표를 만들어요.
5. 묘목을 심고 나무의 성장 일기를 작성해요.

　(1) 심고 싶은 나무의 종류: _____

　(2) 심고 싶은 장소: _____　　(3) 나의 나무의 이름: _____

지속가능한 발전

교과서를 넘나드는
초등 어린이 신문 환경

정답

PART 1　지구환경

01 누구에게나 '역대급' 폭염

문해력 쑥쑥

(1) 체감　(2) 폭염　(3) 해수면

생각해요

1 높아, 지구가 뜨거워지는 지구 온난화 현상이 나타나는 것
2 폭염, 한파, 집중호우

02 '벚꽃, 단풍' 지각입니다!

문해력 쑥쑥

(1) 개화　(2) 일기예보　(3) 기승

생각해요

1 (1) 개나리　(3) 벚꽃　(4) 진달래
　* (2) 동백꽃은 겨울꽃이에요.

2

일	기	예	보	폭	고	얘
관	호	수	이	상	생	주
산	개	화	래	단	구	백
림	측	제	강	아	풍	규

일기예보, 개화, 단풍

3 **예시** 올해 3월은 작년보다 기온이 낮을 것으로 예상됩니다. 봄꽃의 개화 시기도 늦춰질 수 있기 때문에 축제 또한 늦은 개최를 추천드립니다.

03 우리의 식탁은 안전하지 않다

문해력 쑥쑥

(1) 고온　(2) 감소　(3) 경상북도

생각해요

1 줄어, 남, 북, 이상기후
2 고혈압, 고등학교, 고열

04 사라지는 작은 섬나라

문해력 쑥쑥

(1) 상승　(2) 절박한　(3) 불평등

생각해요

1 **예시** 투발루는 현재 해마다 해수면이 4mm씩 상승하고 있고, 30년 안에 물속에 가라앉아 사라질지도 모르는 상황입니다.

2

		⁵등		
		²불	평	등
⁴해				
¹수	영		³상	승
면			⁶품	

05 잠들었던 바이러스가 깨어났다!

문해력 쑥쑥

(1) 봉인　(2) 탄저균　(3) 방출

생각해요

1 영구동토층
2 (1) 봉인　(2) 탄저균　(3) 영구동토층　(4) 방출

단원마무리 **소개해요**

1 (1) 최저기온 (2) 영양분, 엽록소 (3) 늦더위

생각해요

1 (1) 폐식용유 수거함 (2) 휴지
   (3) 기름응고제 (4) 냉동고

2 ㄱ

PART 2 에너지, 자원

01 10명 중 8명이 차가 없는 마을

문해력 쑥쑥

(1) 주둔지 (2) 트램 (3) 자립

생각해요

1 (1) 같은 곳 (2) OFF (3) 컵에 물을 받아서
   (4) 햇빛

2 (1) 자립 (2) 공존 (3) 주둔지 (4) 전역

02 이메일의 탄소발자국을 지워 주세요

문해력 쑥쑥

(1) 친숙 (2) 검색 (3) 설정

생각해요

2 (1) X (2) X (3) O

03 튀김 튀기고 남은 폐식용유, 비행기 띄운다

문해력 쑥쑥

(1) 폐식용유 (2) 화석 연료 (3) 일석이조

04 우유팩, 종이류일까?

문해력 쑥쑥

(1) 분류 (2) 자원 (3) 제지

생각해요

1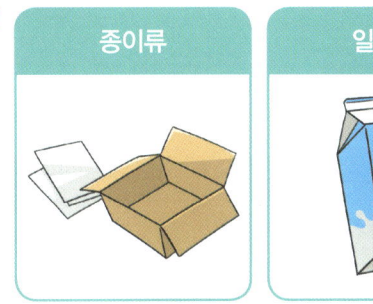

2

재활용, 자원순환, 멸균

05 열은 무엇보다 소중해, 패시브하우스

문해력 쑥쑥
(1) 전력   (2) 수동   (3) 차양

생각해요
2 수동적, 절약, 남향 창문

단원마무리 소개해요
1 (1) 지속가능 항공유   (2) 폐식용유
   (3) 탄소 배출 감축 효과

PART 3 플라스틱

01 '용기'와 헤어질 용기

문해력 쑥쑥
(1) 분리배출   (2) 업계   (3) 일반화

생각해요
2 (1) X   (2) O   (3) O

02 하늘에 떠다니는 미세플라스틱

문해력 쑥쑥
(1) 미세   (2) 폐기, 입자   (3) 검출

생각해요
2

03 레고 블록의 친환경 변신

문해력 쑥쑥
(1) 친환경   (2) 바이오 플라스틱   (3) 밀랍

생각해요
1 (1) 튼튼한 것(내구성)
   (2) 만드는 과정에서 많은 양의 탄소를 배출하는 것
   (3) 바이오 플라스틱
   (4) 지속가능한 발전
2

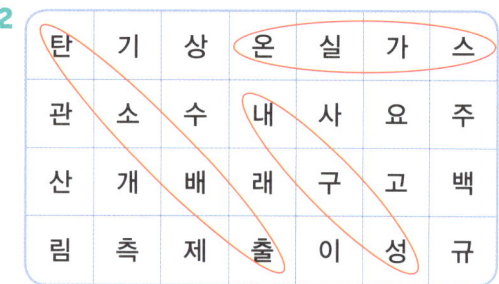

탄소 배출, 내구성, 온실가스

04 세계는 지금 슬로패션

문해력 쑥쑥
(1) 저렴한   (2) 수출   (3) 분해

생각해요
1 (1) 승부   (2) 선도   (3) 간편하다
2 입학, 입국, 출입구
3 **예시** 환경을 보호하기 위해 유행한다는 이유로 쉽게 옷을 사면 안 돼요. 왜냐하면 우리나라에서 버려진 옷은 거의 다른 나라로 수출되고, 그 나라에서도 팔리지 않으면 버려진 옷들이 쓰레기 언덕이 되기도 해요. 버려진 옷에서 미세플라스틱이 나와 환경 오염을 일으키기 때문에 슬로패션을 따라가야 해요. 그렇게 하면 나만의 개성도 찾을 수 있고, 환경에도 좋은 영향을 끼칠 수 있어요.

04 의자로 변신한 발리의 쓰레기

문해력 쑥쑥
(1) 부족   (2) 성공했다   (3) 해류

생각해요
2 (1) 친환경 업사이클링 제품   (2) 보안슬랫
　(3) 발리   (4) 옴백

단원마무리 소개해요
1 (1) 신용카드, 플라스틱   (2) 모래알   (3) 생태계

03 계란 살 때 뭐 보세요?

문해력 쑥쑥
(1) 사육 환경   (2) 1번   (3) 일렬로

생각해요
2 (1) X   (2) O   (3) O

PART 4 생물 다양성

01 돌고래는 어디에서 살면 좋을까?

문해력 쑥쑥
(1) 포유류   (2) 받는다   (3) 야생

생각해요
1 (1) 돌고래   (2) 수족관   (3) 넓은 바다
2 홍수, 수영, 수돗물

02 그 많던 새들은 어디로 갔을까?

문해력 쑥쑥
(1) 장애물   (2) 중력   (3) 5×10

생각해요
2 (1) O   (2) O   (3) X

04 사라지지 말고 함께 살아요, 산호초

문해력 쑥쑥
(1) 물살이   (2) 조류   (3) 백화현상

생각해요
2 조류, 물살이, 산호초

05 야생동물을 위한 30 도로

문해력 쑥쑥
(1) 산란   (2) 절실   (3) 생태통로

생각해요
1 (1) 부엉이   (2) 거북이   (3) 펭귄   (4) 두꺼비
2 (1) 절실   (2) 로드킬   (3) 산란   (4) 단절

단원마무리 소개해요
1 (1) 멸종위기종   (2) 보호   (3) 동물복지

PART 5 지속가능한 발전

01 재활용 종이로 변신한 착한 선물 세트

문해력 쑥쑥
(1) 재활용 (2) 친환경 (3) 과대

생각해요
1 (1) B
  (2) 예시 재활용이 되지 않는 포장재 보다는 여러 번 사용할 수 있는 바구니, 다회용 가방에 직접 과일을 담는 것이 환경에 도움이 되기 때문이에요.
2 대학교, 대형버스, 대통령

02 탄소 마시는 숲을 만들어요

문해력 쑥쑥
(1) 플랜테이션 (2) 느티나무 (3) 생물 다양성

생각해요
1 (1) 블루카본
  (2) 해양
2

이	성	축	지	블	불
졸	막	코	구	루	소
조	스	음	장	카	산
포	바	다	숲	본	계

포스코, 바다 숲, 블루카본

03 '15분 도시'는 처음이지?

문해력 쑥쑥
(1) 교통체증 (2) 창시자 (3) 호소

생각해요
1 (1) 탄소 배출 (2) 자동차 (3) 15분
2 (1) 이산화 탄소 (2) 15분 도시 (3) 자전거

04 고기는 아니지만 오히려 좋아

문해력 쑥쑥
(1) 푸드테크 (2) 식물성 대체육 (3) 배양

생각해요
1 (1) 식물성 (2) 채소 (3) 지구
2 (1) X (2) O (3) O

05 무늬만 친환경, 그린워싱

문해력 쑥쑥
(1) 없으면서 (2) 인증 (3) 다해야 한다

생각해요
2 (1) 그린워싱 (2) ESG 경영 (3) 허위 (4) 인증

단원마무리 소개해요
1 (1) 산림, 졸업 (2) 환경, 졸업유산법
  (3) 나무 열 그루

MEMO

시대에듀에서 만든 도서는 책, 그 이상의 감동입니다.

교과서를 넘나드는 초등 어린이 신문 환경

초 판 발 행	2025년 04월 15일 (인쇄 2025년 02월 14일)
발 행 인	박영일
책 임 편 집	이해욱
지 은 이	임성화
편 집 진 행	이미림 · 박누리별 · 백나현 · 김하연
표 지 디 자 인	박수영
편 집 디 자 인	홍영란 · 채현주 · 김휘주
그 린 이	기도연
발 행 처	(주)시대에듀
출 판 등 록	제 10-1521호
주 소	서울시 마포구 큰우물로 75 [도화동 538 성지 B/D] 9F
전 화	1600-3600
팩 스	02-701-8823
홈 페 이 지	www.sdedu.co.kr
I S B N	979-11-383-8366-0 (74710)
	979-11-383-8364-6 (세트)
정 가	17,000원

※ 이 책은 저작권법의 보호를 받는 저작물이므로 동영상 제작 및 무단전재와 배포를 금합니다.
※ 잘못된 책은 구입하신 서점에서 바꾸어 드립니다.